RECHERCHES
SUR
LES OUVRAGES
DE VOLTAIRE.

« . . . . . On n'a que trop recueilli de ces bagatelles passagères
« dans toutes les misérables éditions qu'on a données de moi,
« et auxquelles, Dieu merci, je n'ai aucune part. Soyez per-
« suadé que de même qu'on ne doit pas écrire tout ce que les
« rois ont fait, mais seulement ce qu'ils ont fait de digne de la
« postérité ; de même on ne doit imprimer d'un auteur que ce
« qu'il a écrit de digne d'être lu. Avec cette règle honnête, il
« y auroit moins de livres et plus de goût dans le public. . . . .
« J'aurois voulu supprimer beaucoup de choses qui échappent
« à l'esprit dans la jeunesse, et que la raison condamne dans
« un âge avancé. Je voudrois même pouvoir supprimer... etc »

Lettre de VOLTAIRE, *écrite à Potzdam, le*
15 *avril* 1752.

« Plus on avance en âge et en connoissances, plus on doit se
« repentir d'avoir écrit. Il n'y a aucun de mes ouvrages dont
« je sois content ; et il y en a quelques-uns que je voudrois
« n'avoir jamais faits . . . . »

Autre *Lettre de* VOLTAIRE, de 1757, à
MM. Cramer de Genève.

RECHERCHES
SUR
LES OUVRAGES
DE VOLTAIRE,

Contenant, 1.° des Réflexions générales sur ses écrits; 2.° une Notice raisonnée des différentes éditions de ses œuvres choisies ou complètes, depuis 1732 jusqu'à ce jour; 3.° le Détail des condamnations juridiques qu'ont encourues la plupart de ses écrits; et 4.° l'Indication raisonnée des principaux ouvrages où l'on a combattu ses principes dangereux.

Par J. J. E. G...... Avocat.

Sine irâ et studio.
Tacite.

A PARIS,
Chez les Marchands de Nouveautés.

M. DCCC XVII.

PRÉLIMINAIRE.

Voltaire est assez généralement regardé comme un des plus beaux génies des siècles modernes : les gens de goût ont toujours admiré les ouvrages immortels, dont il a enrichi notre littérature, et qu'il a reconnus, en les donnant lui-même au public, comme les seules et véritables bases de sa gloire. Mais cette admiration pour les chefs-d'œuvre de cet homme célèbre, n'a jamais dû aveugler qui que ce soit, même ses plus grands partisans, sur les principes hazardés, outrés et excessivement dangereux qu'il a répandus avec profusion dans presque tous ses écrits clandestins. Lui-même les reconnoissoit si bien pour tels, qu'il les a toujours publiés dans l'ombre, qu'il n'a jamais osé y mettre son nom, et même qu'il les a continuellement désavoués.

Plus francs que lui, plus hardis, mais bien moins jaloux de lui conserver, sans tache apparente, cette gloire dont il étoit si passionné, ses nouveaux éditeurs semblent n'avoir eu pour objet, dans la réimpression de ses œuvres complètes, que de reproduire avec éclat ces fruits obscurs et beaucoup trop nombreux de sa muse licencieuse et de son imagination déréglée. Nous n'approfondirons point leur motif; nous nous contenterons d'exposer en deux mots le plan de notre travail. Ces nouvelles éditions complètes étoient-elles nécessaires? n'en existoit-il pas déjà un trop grand nombre? Les principes dont Voltaire a empoisonné les trois quarts de ses œuvres, n'ont-ils pas eu la plus terrible influence sur la morale publique depuis quarante ans et plus? Ces principes n'ont-ils pas été réprouvés dans tous les temps, et les livres qui les contiennent n'ont-ils pas été condamnés juridiquement? C'est ce que nous cherchons à démontrer dans le présent opuscule. Nous prions le lecteur de croire qu'aucun esprit de parti ne dirige notre plume. Nous aimons Voltaire dans tout ce qu'il a fait de beau et de bon; mais il nous fait éprouver un sentiment tout opposé, lorsqu'il se déclare l'apôtre de la licence; et nous croyons agir en cela comme doit le faire tout homme de bien, ami de la religion, des mœurs, de la tranquillité et du bon ordre. Nous n'avons pas l'habitude d'écrire, on s'en apercevra facilement; mais nous avons tâché de contracter celle de bien penser, de servir et d'honorer notre patrie autant qu'il est possible, et c'est cette heureuse habitude qui nous fait un devoir de repousser, par les moyens que nous avons cru les plus forts et les plus directs, la nouvelle atteinte portée à la religion et aux mœurs dans la réimpression des œuvres complètes de Voltaire. Comme nous ne voulons pas nous attribuer ce qui n'est point de nous, nous déclarons que, n'étant nullement versé dans la bibliographie, nous devons à l'obligeance d'un de nos amis, qui a cultivé cette science, la liste des éditions de Voltaire et celle des ouvrages où l'on a réfuté les erreurs et les impiétés de cet auteur. Il est juste de rendre à César ce qui est à César ; nous y ajoutons avec plaisir le tribut de notre sincère reconnoissance.

RECHERCHES

SUR

LES OUVRAGES DE VOLTAIRE.

I.

Réflexions générales sur les écrits de Voltaire.

On a beaucoup écrit pour et contre Voltaire : les uns, enthousiastes de ses talens, et fermant ou feignant de fermer les yeux sur ses graves erreurs, le mettent au rang des Dieux ; les autres, indignés des écarts de son imagination, et condamnant en masse tous ses ouvrages à raison des principes dangereux dont la plupart sont infectés, le reléguent parmi les esprits infernaux. Il nous semble qu'en dépouillant ces deux opinions de ce qu'elles peuvent avoir d'exagéré, tout homme impartial conviendra que Voltaire est un de ces génies rares, dont la plume féconde s'est exercée avec facilité sur toutes sortes de sujets. Littérateur, poëte, historien, philosophe, il a parcouru toutes les routes ouvertes à l'esprit humain, sinon avec un succès toujours égal, du moins avec les applaudissemens que l'on ne peut refuser à un style enchanteur, à une clarté soutenue, même dans les matières les plus abstraites, à un charme de diction qui entraîne malgré soi. Mais, en même temps, on sera obligé d'avouer que ce beau talent, qui s'est élevé au plus haut degré de splendeur, par des chefs-d'œuvre dont la France s'honorera toujours (1), n'a pas craint de descendre dans les égoûts de la littérature, et de produire ce qu'il y a au monde de plus indécent, de plus licencieux, de plus impie. Avoit-il besoin de cette funeste célébrité pour donner plus d'éclat à son nom? Les Corneille, les Boileau, les Racine, qu'il a quelquefois égalés comme poëtes et surpassés comme prosateurs, se sont acquis une gloire aussi pure que durable sans recourir à ces monstruosités littéraires, triste apanage de la médiocrité.

Mais, disent les partisans de Voltaire, il n'a attaqué que les abus et les préjugés, et encore ne l'a-t-il fait qu'avec l'arme de la plaisanterie; il a rappelé l'homme à sa dignité primitive; il a signalé la tyrannie et la superstition comme des monstres que l'on ne pouvoit trop tôt étouffer. Oui, répondent ceux qui n'admirent pas tout dans

---

(1) Je parle ici de ses plus belles tragédies, de sa Henriade; on peut encore y ajouter un choix de ses pièces fugitives, genre où il a excellé. Quant à ses ouvrages en prose, ceux où il n'a pas été égaré par la passion et par la licence (malheureusement c'est le plus petit nombre), se feront toujours lire avec un charme inexprimable.

Voltaire, voilà bien sa théorie; il l'a présentée sous toutes les couleurs, sous toutes les formes; il l'a mise à la portée de tous les âges, de tous les états, de tous les esprits. Mais quand nos troubles ont commencé, quelle extension l'effervescence des passions n'a-t-elle pas donnée aux mots *abus, préjugé, tyrannie, superstition*. Il n'y a pas une seule institution sociale qui n'ait été considérée comme un *abus,* un *préjugé;* la royauté a été taxée de *tyrannie,* et la religion de *superstition*. Avec quel empressement et quelle fureur n'a-t-on pas réalisé, en 1789 et 90, les vœux de bouleversement et de destruction si souvent manifestés dans les productions du vieillard de Ferney ? Qui peut nier que ses sentences philosophiques, ses plaisanteries révoltantes, ses sarcasmes perpétuels contre ce qu'il y a de plus respectable et de plus sacré, n'aient servi de texte à la longue et sanglante tragédie dont la France a été pendant cinq ans le funèbre théâtre? Voltaire avoit écrit contre les parlemens, et les parlemens ont été supprimés, et les parlementaires égorgés; Voltaire avoit dit : *les hommes sont égaux, ce n'est pas la naissance, etc.*, et les ordres, les distinctions, les titres ont été détruits, et ceux que la naissance ou le mérite en avoient revêtus, ont été proscrits, et la plupart massacrés; Voltaire avoit déclamé contre la tyrannie, et Louis XVI, le plus vertueux des Rois, le plus doux des hommes, a porté comme tyran sa tête sur l'échafaud; Voltaire n'a cessé d'attaquer et de tourner en ridicule ce qu'il appeloit superstition, et une persécution plus active, plus générale, plus prolongée que celle des Néron, des Dioclétien, des Décius, a renversé les autels, fermé les temples, et marqué du sceau de la réprobation les ministres du culte ; la plupart de ces infortunés ont été livrés au fer des bourreaux, et les autres n'ont échappé au supplice que par la fuite ou par un scandale (le mariage) qui a révolté jusqu'au bas peuple. Ces faits ne sont malheureusement que trop constans. Objectera-t-on que Voltaire n'a jamais eu dans l'idée que les choses seroient poussées à cet excès, qu'il avoit seulement l'intention d'éclairer son siècle sur les abus qui existoient, et de contribuer pacifiquement à leur réforme par ses lumières? Supposons pour un moment que cela soit ; alors il faut le comparer à un homme qui, sous prétexte d'éclairer une chaumière qu'il voudroit nétoyer, allumeroit un grand feu sur le chaume qui la couvre. Quelle excuse pourroit-on alléguer en faveur de cet homme, quand la maison seroit réduite en cendres ? On le regarderoit nécessairement ou comme un fou, ou comme un scélérat, et peut-être seroit-il l'un et l'autre ? Mais, dira-t-on encore, Voltaire n'est pas le seul dont les principes ont influé sur la révolution. Cela est vrai : les d'Holbac, les Helvétius, les Diderot, les Raynal, les Mably, les Rousseau, partagent avec lui le déplorable honneur d'avoir secoué sur la France la torche incendiaire qui l'a mise en feu ; mais tous ces écrivains d'un ordre inférieur n'ont été que les disciples du patriarche de la philosophie moderne. Aucun d'eux n'a écrit avec un style pareil au sien; et si quelquefois ils sont plus fougueux, leurs productions n'ont pas été aussi souvent réimprimées, parce qu'elles ne sont ni aussi séduisantes, ni autant à la portée de tout le monde. Une preuve que tous ces philosophes (à part Jean-Jacques) n'ont pas été mis sur la même ligne que leur maître, c'est qu'au milieu des saturnales révolutionnaires, Voltaire est le seul avec Rousseau, à la mémoire duquel les régénérateurs de la France ont rendu des honneurs publics; et en plaçant, en grande pompe, le buste de ces deux hommes célèbres sur les débris fumans de la monarchie, leurs fidèles exécuteurs testamentaires en morale et en politique, n'ont pas manqué de dire : La patrie reconnoissante de ce que vos écrits ont contribué à briser ses fers, vous assigne ce rang suprême d'où vous pouvez contempler votre ouvrage. Quel ouvrage, grand Dieu ! La France n'avoit plus ni foi, ni loi, ni Roi. Non, il n'est pas possible de disconvenir que Voltaire, qui, dans les trois quarts de ses productions, prêche l'indépendance, l'immoralité et l'irréligion, a eu la plus grande part à la révolution. C'est même une justice que lui a rendue un de ses plus grands admirateurs, M. Palissot (1), qui a donné une édition

―――――――

(1) « Soyons assez justes, dit-il, pour convenir que
« si quelques hommes de génie ont mérité l'honneur
« d'être comptés parmi les précurseurs de la révolution,
« il n'en est aucun qui ait eu plus d'influence sur elle

de ses œuvres en 1792, *55 vol. in-8.º*; malgré cela, nous aimons à croire, comme nous l'avons dit plus haut, que Voltaire n'aspiroit peut-être qu'à la gloire de faire une révolution (1) simplement morale (on pourroit plutôt dire immorale, il n'y a que trop réussi); mais qu'il n'a jamais pensé que ses principes pourroient produire en France et en Europe un bouleversement aussi général, aussi terrible que celui qui a eu lieu; nous disons plus, nous sommes persuadés que si lui et Rousseau eussent vécu, comme Raynal, jusqu'en 1796, et qu'ils eussent vu les excès auxquels on s'est porté au nom de cette indépendance qu'ils ont tant préconisée dans leurs écrits, ils auroient abjuré leurs funestes doctrines, comme Raynal l'a fait pour son propre compte, et peut-être en seroient-ils morts de douleur. Ils n'en sont pas moins des auteurs excessivement dangereux que l'on a invoqués, et que l'on

_____

« que Voltaire : c'est lui qui, par soixante années de
« travaux, de persécutions et de gloire, avoit préparé
« toutes les voies, ouvert toutes les avenues de la li-
« berté ; et quel que soit le degré d'estime que l'on
« accorde à ses successeurs, ils n'ont fait que suivre,
« plus ou moins heureusement, la route que son cou-
« rage leur avoit tracée. » Voyez *l'avis important
relatif à la Henriade*, p. 20, en tête du 1.ᵉʳ vol. de
l'édition de Voltaire par Palissot.

(1) M. de Bonald dit, en parlant de Descartes et de
Voltaire : « Descartes, j'entends le moraliste et non
« le physicien, a fait une révolution dans les pensées ;
« Voltaire a excité une révolte dans la société..... »
V. *la législation primitive*, tom. 1, p. 23.

invoquera toujours, quand il s'agira de troubler un état et d'opérer quelque révolution.

La plus grande partie des écrits de Voltaire ayant pour objet, non-seulement le mépris, mais le renversement de la religion et le relâchement de tous les liens de la société ; comment, dans les circonstances où nous nous trouvons, et après le nombre considérable d'éditions qui existent de ses œuvres complètes, a-t-on pu concevoir l'idée d'en annoncer quatre nouvelles, très complètes et plus que complètes ? Nous disons plus que complètes, car, outre les pièces insignifiantes, apocryphes, et souvent abominables, dont on a surchargé l'énorme collection de Kehl (1), les nouveaux éditeurs promettent de donner en-

―――――

(1). Cette édition est en 70 *vol. in*-8°. Voici comment M. de Moulières parle de cette édition dans son *Roi martyr* ; Paris 1815, *in*-8.°, p. 20..... « Peu de
« temps après la mort de Voltaire, ses principaux sec-
« tateurs voulurent élever à ce corrupteur de la société,
« ce qu'ils appeloient un monument digne de lui, de
« sa nation et de son siècle, dans la collection com-
« plète de ses œuvres..... Ils confièrent à deux de ses
« plus zélés partisans, Condorcet et Beaumarchais, le
« soin d'en empoisonner le public. Les éditeurs avoient
« compté sur les intelligences qu'ils avoient dans le
« conseil de Louis XVI ; mais par les mesures sévères
« qu'ordonna ce prince, il ne leur resta de ressources
« que d'aller enfanter chez l'étranger le monstre conçu
« en France, et il naquit au fort de Kehl. Le Rhin
« n'opposoit qu'une bien foible barrière au fanatisme
« philosophiste, qui s'empressa de se procurer le *Voltaire complet*. Louis, intimement convaincu des dan-
« gereux effets des principes novateurs et anti-sociaux
« de ce perturbateur du repos public, en proscrivit

core un demi-volume de pièces inédites. Oh ! combien Voltaire, qui a dit avec tant de raison, dans son *Dialogue de Pégase et du Vieillard*:

> On ne va point, mon fils, quoique sur toi monté
> Avec ce gros bagage à la postérité.

combien, disons-nous, Voltaire auroit à se plaindre de ceux qui ont porté et qui portent une véritable atteinte à sa gloire, en publiant des pamphlets auxquels il n'a jamais osé mettre son nom, et surtout une correspondance exécrable, qui, établie dans la plus grande intimité, étoit d'autant moins destinée à voir le jour, que sa publicité ne peut qu'avilir ceux dont elle décèle l'ame profondément corrompue. Quelle seroit la fureur de l'irascible Voltaire, et la confusion de l'hypocrite d'Alembert, si l'un et l'autre revenant sur la terre, voyoient le public inondé de leurs confidences les plus secrètes, écrites d'un style plus que familier et souvent ignoble, marqué au coin de la duplicité, et annonçant le projet formel de détruire jusqu'aux moindres traces de la religion (1)?

« les productions *comme outrageant également la re-*
« *ligion et les mœurs, et tendant à ébranler les*
« *principes fondamentaux de l'ordre social.* Hélas !
« l'horrible attentat du 21 janvier 1793, et les innom-
« brables calamités dont il a été précédé et suivi dans
« toute la France, n'ont que trop vérifié la sagesse de
« ce prophétique jugement. »

(1) M. Delacretelle parle ainsi de cette correspondance dans son *histoire* du xviii.ᵉ siècle. « ..... Voltaire, à
« l'âge où tout homme chérit les freins de la morale et

Peut-être trouvera-t-on trop fortes les expressions dont nous qualifions cette correspondance ; et sans doute ceux qui partagent les opinions de Voltaire, nous en feront un crime. Il suffiroit, pour nous justifier aux yeux de tout homme de bien et de tout lecteur impartial, de rapporter quelques passages de cette correspondance, pris au hazard, car tout y est affreux. Mais qui oseroit transcrire de pareilles infamies ? qui oseroit les lire ? Cependant il nous semble, puisque la voix de la religion s'est fait entendre en vain contre la réimpression de la totalité des œuvres de Voltaire ; puisque la force du raisonnement y a également échoué ; il nous semble, disons-nous, qu'il est peut-être à propos de recourir aux moyens extrêmes, et de faire voir dans toute sa hideuse nudité la monstruosité des projets de nos deux philosophes. Nous croyons donc, malgré notre répugnance à aborder ce cloaque impur, qu'il peut nous être permis d'y puiser pour en démontrer toute la fétidité ;

« de la décence, exhaloit les poisons dont sa jeunesse
« avoit été infectée sous la régence..... Il crut trouver
« dans d'Alembert un fidèle interprète de ses vœux.
« Il s'ouvrit entre eux une correspondance très suivie,
« dans laquelle ils firent un déplorable assaut de mé-
« pris pour la religion chrétienne. Un grand poëte et
« un grand géomètre semblent s'y donner le divertisse-
« ment de jouer une conspiration. Une pensée domine
« dans leurs lettres, c'est celle de réunir contre la
« révélation toutes les forces de l'esprit philosophi-
« que. »

c'est la seule ressource qui paroît rester pour prouver d'une manière plus forte et plus directe, combien il est plus qu'inconvenant de réimprimer publiquement, et même avec des éloges pompeux, des abominations auprès desquelles pâlit tout ce que la plume la plus effrénée peut produire : certes, nous sommes partisans de la liberté de la presse ; mais doit-elle, peut-elle aller jusque-là, surtout dans un moment où elle auroit peut-être plus besoin que jamais d'être restreinte sous le rapport moral.

Avant d'en venir aux citations, nous demanderons aux éditeurs et aux souscripteurs s'ils sont pères de famille, et si jamais ils oseront mettre sous les yeux de leurs fils et de leurs filles cette correspondance, dont presque toutes les pages sont souillées, non-seulement de blasphêmes, mais d'expressions dont on n'oseroit pas se servir même dans les lieux de débauche. Nous leur demanderons encore si, en multipliant, par la voie de la réimpression, des principes subversifs de tout ordre social, ils s'imaginent ramener plus promptement le calme, la paix, le bonheur et la pratique des vertus publiques et privées dans un royaume qui sort à peine de ses ruines, et si ce n'est pas plutôt fournir de nouvelles matières combustibles à l'incendie presque éteint, qui a failli dévorer entièrement ce malheureux royaume ?

Abordons enfin la partie la plus pénible de notre travail, et surmontons le dégoût et le frémissement d'horreur que nous fait éprouver la nécessité de tirer de la propre bouche de Voltaire la condamnation de la partie coupable de ses écrits, car il suffira de lire pour condamner. Nous prenons au hazard nos citations dans l'édition de ses œuvres par Palissot, qui, tout en retranchant bien des choses de l'édition de Kehl, en a beaucoup trop laissées dans la sienne, surtout cette correspondance (entre Voltaire et d'Alembert) qui forme le tome 51 de son édition. Nous déclarons que le volume entier est dans le même genre que les passages copiés fidèlement que l'on va lire, et même qu'il y en a encore de plus forts non-seulement dans ce volume, mais dans beaucoup d'autres qui renferment les ouvrages que Voltaire n'a jamais osé faire paroître sous son nom.

Lettre de Voltaire, *aux Délices*, 6 *décembre* 1757, pag. 58..... « Je finis tou-
« jours ma harangue en disant *deleatur Car-*
« *thago* (il est inutile de dire qu'ici *Carthago*
« signifie la religion)..... Il ne faut que cinq
« à six philosophes pour renverser le colosse.
« Il ne s'agit pas d'empêcher nos laquais d'al-
« ler à la messe ou au prêche ; il s'agit d'ar-
« racher les pères de famille à la tyrannie
« des imposteurs, et d'inspirer l'esprit de la
« tolérance. La vigne de la vérité est bien
« cultivée par des d'Alembert, des Diderot,
« des Bolingbrock, des Humes, etc. Si votre
« Roi de Prusse avoit voulu se borner à ce
« saint œuvre, il eût vécu heureux, et tou-
« tes les académies de l'Europe l'auroient
« béni..... Je suis fâché des simagrées de
« Dumarsais à sa mort..... » En effet, combien il est fâcheux que Dumarsais, qui jouis-

soit d'une certaine réputation philosophique, ait rempli ses devoirs religieux à son dernier moment ! Mourir en philosophe est une chose si douce, si édifiante, si rassurante !

Lettre de Voltaire, *aux Délices*, 25 *mars* 1759, *pag*. 72..... « Je me recommande « à Dieu le Père, car pour le Fils, vous « savez qu'il a aussi peu de crédit que sa « Mère à Genève. Au reste, on peut fort bien « n'être pas l'intime ami de ces Messieurs, et « vivre tout doucement....» quelle infamie !

Lettre de d'Alembert, *Paris*, 16 *juin* 1760, p. 94. Il est question dans cette lettre, de Madame Robeck, qui avoit protégé la copie *des philosophes* de Palissot. Elle étoit mourante ; tout le monde prenoit part à son état de souffrance. D'Alembert, furieux de ce que cette Dame n'aimoit pas les philosophes, dit..... « Quand on est atroce « et méchante à ce point, on ne mérite, « ce me semble, aucune pitié, eût-on.....» La plume se refuse à tracer le reste de cette horrible phrase ; elle a tellement révolté l'éditeur Palissot, qui certes n'est pas scrupuleux, qu'il a mis en note au bas de la page : « Est-ce un philosophe, est-ce un croche-« teur ivre qui parle ? »

Lettre de Voltaire, 20 *juin* 1760, pag. 98..... « Les premiers fidèles se conduisoient « mieux que vous. Patience, ne nous dé-« courageons point. Dieu nous aidera, si « nous sommes unis et gais. Hérault disoit « un jour à un des frères : *Vous ne dé-« truirez pas la religion chrétienne*. —

« *C'est ce que nous verrons,* dit l'autre. »
S'ils vivoient, ces habiles régénérateurs de
la morale publique, ils le verroient, et les
séances de nos Cours d'assises les instruiroient assez que leur bel ouvrage n'est que
trop avancé.

Lettre de d'Alembert, *Paris,* 28 *octobre* 1760, p. 104..... « Je ne doute point
« que vous ne conserviez le Dieu que M.
« Maudave a apporté des Indes (un phal-
« lus)..... » Il est impossible de continuer
ce passage. Ce qui suit est tellement impie
et licencieux, que ce seroit partager l'effronterie criminelle de l'auteur que de le
copier.

Lettre de Voltaire, 20 *octobre* 1761,
p. 125..... « Les prêtres de Genève ont une
« faction horrible contre la comédie ; je
« ferai tirer sur le premier prêtre socinien
« qui passera sur mon territoire. Jean-
« Jacques est un jean-f....., qui écrit tous
« les quinze jours à ces prêtres pour les
« échauffer contre les spectacles. Il faut pen-
« dre les déserteurs qui combattent contre
« leur patrie (la philosophie)..... » Je m'abstiens de citer plusieurs lettres de ces deux philosophes, où il se trouve plus de b. et d'f.....
que dans celles du père Duchesne de dégoûtante mémoire.

Lettre de Voltaire, *aux Délices,* 12
juillet 1762, p. 140..... « Sa conduite
« (de J.-J. Rousseau) fait honte à la phi-
« losophie. Ce petit monstre n'écrivit contre
« vous et contre les spectacles que pour plaire
« aux prédicans, et voilà ces prédicans qui

« obtiennent qu'on brûle son livre, et qu'on
« décrète l'auteur de prise de corps. Vous
« m'avouerez que le magot s'est conduit com-
« me un fou. Il s'est borné à dire que les hom-
« mes ont pu nous tromper, et les fripons
« répondent toujours que Dieu a parlé par
« la bouche de ces hommes ; et les sots croi-
« ront les fripons. Il me paroît que le tes-
« tament de Jean Meslier fait un plus grand
« effet ; tous ceux qui le lisent, demeurent
« convaincus. Cet homme discute et prouve.
« Il parle au moment de la mort, au mo-
« ment où les menteurs disent vrai. Voilà
« le plus fort de tous les argumens. Jean
« Meslier doit convertir la terre. Pourquoi
« son évangile est-il en si peu de mains (1) !

---

(1) Afin que cet exécrable livre fût plus répandu, Voltaire en a fait un extrait, dans lequel il a réuni et disposé dans un ordre qui lui a paru plus convenable, tout ce qu'il y a de plus fort contre Jésus-Christ et contre l'Evangile. Cet extrait n'est tiré que de la première partie du testament de Meslier, lequel testament formoit manuscrit un volume de 366 pages *in*-8.°, dont l'auteur avoit fait trois copies. L'original est écrit d'un style lâche, diffus et incorrect ; mais Voltaire y a remédié. M. Naigeon, l'un des plus fougueux disciples de Voltaire, a consigné l'extrait du testament en question dans son *Dictionnaire de la philosophie ancienne et moderne*, réceptacle de tout ce que la rage de l'impiété peut inspirer de plus violent à un forcené. Qu'on en juge par le passage suivant. « Tout ce que je pour-
« rois extraire de la seconde partie de son testament
« (de Meslier), ne seroit ni aussi instructif, ni d'une
« utilité aussi directe, aussi générale, que les derniè-
« res lignes qui terminent l'ouvrage de ce digne prêtre.
« Elles ne présentent pas seulement un des résul-

OUVRAGES DE VOLTAIRE. 15

« Que vous êtes tièdes à Paris ! vous laissez
« la lumière sous le boisseau..... »

Lettre de d'Alembert, 31 *juillet* 1762,
p. 143..... « Voyez un peu ce pauvre
« diable de Jean-Jacques ; le voilà bien
« avancé de s'être brouillé avec les Dieux,
« les prêtres, les rois et les auteurs. On dit
« qu'il est actuellement dans les états du
« Roi de Prusse, près de Neufchatel..... Les
« vénérables pasteurs de ce pays-là n'enten-
« dent point raillerie sur l'affaire de la re-
« ligion ; c'est une vieille p..... pour laquelle
« ils ont d'autant plus d'égards qu'ils s'en
« soucient moins..... Vous nous reprochez
« de la tiédeur ; mais je crois vous l'avoir
« déjà dit, la crainte des fagots est rafraî-
« chissante. Vous voudriez que nous fissions
« réimprimer le testament de Jean Meslier,
« et que nous en distribuassions quatre à cinq

« tats les plus importans qu'on puisse tirer de l'étude
« de la philosophie ; c'est encore, sous tous les rapports,
« le vœu d'un vrai philosophe, et qui a bien connu le
« seul moyen de tarir partout, en un moment, la
« source de la plupart des maux qui affligent depuis
« si long-temps l'espèce humaine. *Je voudrois*, dit-il,
« *et ce sera le dernier comme le plus ardent de mes*
« *souhaits* ; Je voudrois que le dernier des Rois
« fut étranglé avec les boyaux du dernier prê-
« tre. On écrira dix mille ans, si l'on veut, sur ce
« sujet, continue Naigeon, mais on ne produira jamais
« une pensée plus profonde, plus fortement conçue,
« et dont le tour et l'expression aient plus de vivacité,
« de précision et d'énergie. » Tout ce passage est
transcrit textuellement sur l'ouvrage de Naigeon. Eh
bien ! lecteur impartial, jugez maintenant de la doctrine du maître et de ses disciples.

« mille exemplaires. Le fanatisme infame,
« puisque *infame* y a, n'y perdroit rien ou peu
« de choses, et nous serions traités de fous
« par ceux même que nous aurions conver-
« tis. Le genre humain n'est aujourd'hui
« plus éclairé que parce qu'on a la précau-
« tion ou le bonheur de ne l'éclairer que
« peu à peu..... Ce que vous savez, doit
« être attaqué avec ménagement..... Vous
« n'avez pas assez d'exemplaires des *pièces*
« *justificatives*; à peine les connoît-on ici,
« et tout Paris devroit en être inondé. Je
« vous réponds bien de ne pas me taire,
« et de faire crier tous ceux qui m'écoute-
« ront ; Jésuites, Jansénistes, Prédicans de
« Genêve, franche canaille que tout cela,
« et, par malheur, canaille méchante et
« dangereuse. Enfin, le 6 du mois prochain,
« nous serons délivrés de la canaille jésui-
« tique. Mais la raison en sera-t-elle mieux
« et l'infame plus mal ?..... Madame du
« Deffant est toujours de la bonne doctrine,
« et n'encense pas les faux Dieux ; c'est ce
« qu'elle m'a expressément recommandé de
« vous dire. Adieu, mon cher et grand
« philosophe, portez-vous bien, moquez-
« vous de la sottise des hommes ; je n'ai
« pas la sottise de m'en moquer trop haut
« ni trop fort. » Il est certain que jusqu'à
l'instant de la mort de d'Alembert (arrivée
le 29 août 1783, à 66 ans), on ne se doutoit
pas qu'il eût donné à ce point dans des ex-
travagances aussi impies, lui qui, dans le
même temps qu'il traçoit secrètement de
pareilles infamies, disoit publiquement dans

un de ses écrits, intitulé : *De l'Abus de la critique en matière de religion* : « On ne « sauroit se dissimuler que les principes du « christianisme sont aujourd'hui indécem- « ment attaqués dans un grand nombre d'é- « crits. Il est vrai que la manière dont ils « le sont pour l'ordinaire, est très capable « de rassurer ceux que ces attaques pour- « roient alarmer. Le désir de n'avoir plus « de frein dans ses passions, la vanité de « ne pas penser comme la multitude, ont « fait plutôt encore que l'illusion des so- « phismes, un grand nombre d'incrédules, « qui, selon l'expression de Montaigne, tâ- « chent d'être pis qu'ils ne peuvent. » Jugez de la bonne foi de ce doucereux philosophe.

LETTRE DE VOLTAIRE, *Ferney*, 15 septembre 1762, p. 152..... « Je vous parle « rarement de Luc (le Roi de Prusse), « parce que je ne pense plus à lui; cepen- « dant s'il étoit capable de vivre tranquille « et en philosophe, et de mettre à écraser « *l'infame* la centième partie de ce qu'il « lui en a coûté pour faire égorger du mon- « de, je sens que je pourrois lui pardon- « ner. » La petite aventure de Francfort n'étoit cependant pas de nature à être pardonnée si facilement dans un cœur aussi vindicatif.

LETTRE DE VOLTAIRE, *Ferney*, 28 septembre 1762, *page* 172..... « J'ai toujours « peur que vous ne soyez pas assez zélé. Vous « enfouissez vos talens; vous vous contentez « de mépriser un monstre (la religion) qu'il « faut abhorrer et détruire. Que vous coû-

« teroit-il de l'écraser en quatre pages, en
« ayant la modestie de lui laisser ignorer
« qu'il meurt de votre main ? C'est à Mé-
« léagre à tuer le sanglier. Lancez la flèche
« sans montrer la main. Faites-moi quelque
« jour ce petit plaisir. Consolez-moi dans
« ma vieillesse...... » Quelle douce et heureuse consolation désiroit ce bon Nestor de
la philosophie moderne ! Quelle loyauté,
quelle franchise dans les moyens qu'il in-
dique ! Il s'exprime encore plus clairement
dans une lettre qu'il écrit à M. Helvétius,
le 23 auguste 1764........ « Il ne faut jamais
« rien donner sous son nom, lui dit-il ; je
« n'ai pas même fait la *Pucelle ;* maître Joli
« de Fleuri aura beau faire un réquisitoire,
« je lui dirai qu'il est un calomniateur, que
« c'est lui qui a fait la Pucelle qu'il veut
« méchamment mettre sur mon compte..... »
Voilà, j'espère, du positif. Mais il faut ajouter à ce passage la belle note que Palissot y
a mise. « Cette conduite, dit le philosophe
« de Nancy, par laquelle on se ménageoit
« au besoin des désaveux, étoit réellement
« très prudente ; mais étoit-elle bien digne
« d'un vrai philosophe ? Il est vrai que ce
« personnage eût été bien difficile à soute-
« nir sous le despotisme ; et, malgré les dé-
« guisemens où Voltaire fut contraint de
« s'abaisser, on ne peut nier qu'il n'ait sou-
« vent déployé un grand courage. C'étoit
« Protée, toujours changeant, mais sans
« lâcher prise. » Et vous, M. Palissot, vous
avez aussi été Protée, mais vous avez lâché
prise. (V. le tom. 4 de son édition, p. 467).

OUVRAGES DE VOLTAIRE.

Lettre de Voltaire, 30 *janvier* 1764, pag. 194......... « Au milieu de votre gaîté, « tâchez toujours d'écraser l'*infame* ; notre « principale occupation dans cette vie doit « être de combattre ce monstre. Je ne vous « demande que cinq ou six bons mots par « jour; cela suffit, il n'en relevera pas. Riez, « Démocrite, faites rire, et les sages triom- « pheront....... » Il dit ailleurs, *page* 252 : « ..... Fournissez-nous souvent de ces petits « stylets mortels à poignées d'or enrichies « de diamans, l'*infame* sera percée par les « plus belles armes du monde..... »

Ce seroit abuser de la patience du lecteur que de prolonger ces citations qu'on pourroit multiplier à l'infini (1) ; ce que nous venons de rapporter suffit pour faire voir le but que Voltaire s'est proposé toute sa vie, celui de détruire la religion, la sauve-garde, le plus solide appui de tout gouvernement(2).

---

(1) Nous ne parlons ici que de ce qui regarde la religion ; si nous voulions rapporter des passages de l'obcénité la plus crue et la plus dégoûtante, nous trouverions encore une ample et abominable moisson. Mais la pudeur nous le défend. Nous indiquerons seulement deux endroits qui donneront une idée du reste. On trouvera l'un, *tom.* xiii de l'édition de Palissot, *pag.* 78, et l'autre, *tom.* xlviii, *pag.* 118. Quand on a lu ces ordures, et beaucoup d'autres du même genre, on ne peut s'empêcher de convenir que l'Arétin doit céder la palme à Voltaire, et que c'est outrager la morale publique au dernier point, que de répandre de nouveau de pareilles infamies.

(2) Ce n'est certainement pas ce que pensoit Voltaire ; il manifeste une opinion bien différente dans une lettre abominable, écrite sous un nom supposé, le 10 août

Et voilà les productions dont on nous donne en ce moment quatre nouvelles éditions, avec l'annonce expresse que l'on ne retranchera pas des précédentes une seule phrase, un seul mot, une seule syllabe, et que bien loin de-là, on y ajoutera plusieurs pièces inédites. Est-ce pour l'avancement des lettres, que l'on forme ces nouvelles entreprises ? Alors il falloit s'en tenir aux ouvrages que l'auteur a lui-même avoués, et dont les meilleurs sont des chefs-d'œuvre, vrais modèles de style que l'on auroit ou mettre entre les mains de tout le monde, même de la jeunesse : c'étoit le plus ardent de nos vœux. Mais jamais on ne présentera comme modèles les passages que nous avons cités, et dont les pensées sont mille et mille fois répétées dans plus de cinquante volumes de l'édition de Kehl, et dans près de quarante de l'édition de Palissot : le style et la forme y sont au niveau du fond.

Mais peut-être que ces nouvelles réim-

1767, à M. de Miranda (d'Aranda), ambassadeur d'Espagne : « On est philosophe, dit-il, à sa cour (de
« Catherine II), on y foule aux pieds les préjugés du
« peuple. C'est une extrême sottise, dans les Souve-
« rains, de regarder la religion catholique comme le
« soutien de leurs trônes ; elle n'a presque servi qu'à
« les renverser ; l'Angleterre et la Prusse n'ont été
« puissantes qu'en secouant le joug de Rome. Puissiez-
« vous, Monsieur, quand vous serez en place, enchaî-
« ner cette idole, si vous ne pouvez la briser ! » Il est difficile de pousser plus loin l'impudence, la fureur aveugle, disons plus, la rage de détruire la religion ; et l'on va réimprimer cela !

pressions sont, sinon indispensables, du moins utiles comme spéculation de librairie, par la raison que les anciennes éditions sont trop peu nombreuses ; c'est ce qu'il est facile de décider en jetant un coup-d'œil sur la notice bibliographique suivante, qui a été rédigée par un de nos amis versé dans la connoissance des livres. Il a bien voulu nous la communiquer et nous permettre d'en faire usage ; cette notice renferme la liste de toutes les éditions de Voltaire depuis 1732, date de la première, jusqu'en 1816. L'auteur n'y a parlé que de ce qui a été publié sous le titre *d'Œuvres* (1) ; car pour les éditions particulières de chaque production de Voltaire, elles ont été si multipliées, que leur seule nomenclature formeroit un volume. Nous ne croyons pas exagérer quand nous avançons qu'il y a au moins 3,000,000 de volumes de Voltaire, répandus en Europe et particulièrement en France ; c'est ce que démontrera la notice suivante, et chacun pourra tirer la conséquence qui lui plaira sur la nécessité des quatre nouvelles éditions qui sont sous presse.

---

(1) Nous avons cru devoir ajouter quelques explications et quelques notes à plusieurs des articles de la notice bibliographique de notre ami.

II.

NOTICE BIBLIOGRAPHIQUE

Des différentes éditions de Voltaire, publiées sous le titre d'OEuvres choisies ou d'OEuvres complettes.

OEuvres de Voltaire, *Amsterdam*, 1732, 2 vol. in-8.° fig.

Je crois cette édition la première qui ait été publiée sous le titre d'*OEuvres*. Elle est annoncée dans le *catalogue* de la bibliothèque de M. de Pont-Carré ; *Paris*, 1758, N.° 1753. Cependant il me semble avoir vu quelque part un *recueil de poésies* de Voltaire, daté de 1723, 1 vol. *in*-12. Je présume que l'édition ci-dessus de 1732, est celle dont parle Voltaire, dans une lettre adressée à M. Clément, receveur des tailles à Dreux, le 24 novembre de la même année. « On avoit, lui « dit-il, commencé, il y a quelque temps, Monsieur, « une édition de quelques-uns de mes ouvrages, qui « a été suspendue. J'ai l'honneur de vous l'envoyer, « toute imparfaite qu'elle est ; je vous prie de la rece- « voir comme un témoignage de ma reconnoissance et « de l'envie que j'ai de mériter votre suffrage. »

OEuvres de Voltaire, *Amsterdam* (*Rouen*) 1736, 4 vol. *in*-12.

Voy. le catalogue de M. de Rieux, 1747, N.° 2045. Dans le catalogue de M. de Pont-Carré, N.° 1754, cette édition n'est annoncée qu'en 2 vol. *in*-12.

OEuvres de Voltaire, nouvelle édition

augmentée, *Amsterdam, Jacques Desbordes*, 1739, 4 *vol. in*-8°. fig.

Voy. le catalogue de M. Bernard de Rieux, N.° 2046. Dans le deuxième catalogue de M. le duc de la Vallière, 1788, *tom.* v, N.° 17874, cette même édition est annoncée sous les années 1738 et 1739, avec le détail des ouvrages qu'elle renferme, et qui commencent par la *Henriade,* etc. Cette édition a été faite sous les yeux de Voltaire. Voici ce qu'il écrivoit à M. d'Argenson, de Bruxelles, le 21 mai 1740 : « Les petits hommages que je vous dois depuis long-« temps, sont partis par le coche, comme Scuderi, « pour aller en Cour. Ce sont quatre volumes de mes « rêveries, imprimées à Amsterdam. Les fautes des « éditeurs se trouvoient en fort grand nombre avec « les miennes ; j'ai corrigé tout ce que j'ai pu, et il « s'en faut beaucoup que j'en aie assez corrigé..... »

OEuvres de M. de Voltaire, *Amsterdam* (*Rouen*) 1740, 4 *vol. in*-12.

Voy. le catalogue de M. Crozat, 1771, N.° 2349.

OEuvres de M. de Voltaire, nouvelle édition revue sur toutes les précédentes. *Genève, chez Bousquet,* 1742, 5 *vol. petit in*-12.

Voy. le catalogue des livres de madame de Pompadour, 1765, N.° 2283. Cette édition est mal imprimée, les frontispices sont gravés, et il y a des figures aux différens chants de la Henriade et aux pièces de théâtre.

OEuvres de Voltaire, *Amsterdam*, de la Compagnie des libraires, 1748, 12 *vol.*

Je ne connois cette édition que par une lettre de Voltaire écrite à M. Clément de Dreux, le 11 juin 1748. « J'apprends, lui dit-il, qu'on vient d'imprimer « en Normandie, les uns disent à Rouen, les autres « à Dreux, douze volumes sous le nom de mes œuvres, « remplis d'ouvrages scandaleux, de libelles diffama-« toires et de pièces impies qui méritent la plus sévère « punition. » (Il est impossible de donner une quali-

fication plus juste à toutes les éditions complètes de Voltaire, qui ont paru et qui paroissent encore, et c'est le cas de s'écrier ici : *Habemus confitentem reum.*) « L'édition est intitulée : D'Amsterdam, par la Com-
« pagnie des libraires. Mais il est démontré qu'elle est
« faite en Normandie, puisque c'est delà que venoit le
« premier volume, qui contient la Henriade, et que
« j'ai vu vendre publiquement à Versailles au commen-
« cement de cette année. Ce premier volume est pré-
« cisément le même, sans qu'il y ait une lettre de
« changée. C'est ce que je viens de vérifier à la hâte.
« Je n'ai point encore vu les autres tomes, mais j'ai
« vu votre nom en plus d'un endroit de la table qui
« est à la tête. Vous voilà assurément en détestable
« compagnie. On y annonce plusieurs pièces de vous.
« Il n'est pas douteux, Monsieur, que le gouverne-
« ment ne procède avec rigueur contre les éditeurs de
« cette édition abominable, et il y va de mon plus grand
« intérêt de la supprimer. » (Voilà la seule cause pour laquelle Voltaire crie contre cette édition, dont je ne serois pas surpris qu'il eût été lui-même l'éditeur; on trouve plus d'un trait de pareille loyauté dans sa correspondance confidentielle.) « Vous y êtes intéressé,
« comme j'ai eu l'honneur de vous le dire d'abord. Le
« nom d'un honnête homme, d'un père de famille,
« ne doit pas se trouver avec des ouvrages qui atta-
« quent la probité, la pudeur et la religion. Je vous
« demande en grace de faire tous vos efforts pour
« savoir où l'on a imprimé et où l'on vend ce scanda-
« leux ouvrage..... Mad.ᵉ la duchesse du Maine et
« tous les honnêtes gens vous sauront gré d'avoir ar-
« rêté cette iniquité..... Je vous supplie de faire cher-
« cher le livre chez les libraires de la province, d'em-
« ployer vos amis et votre crédit avec votre prudence or-
« dinaire, et de vouloir bien me donner avis de ce que
« vous aurez pu faire. Ce sera une grace que je me croirai
« obligé de reconnoître par le plus tendre attachement
« et par l'empressement le plus vif à vous servir dans
« toutes les occasions où vous voudrez bien m'employer.
« J'ai l'honneur d'être, etc. VOLTAIRE. » Le bon M. Clément fit des recherches et ne trouva rien. Le fin matois de Voltaire s'y attendoit bien ; mais il lui suffi-

soit que sa lettre à M. Clément fût connue, et que cela le garantît d'un nouveau séjour à la Bastille, d'un nouvel exil, ou de quelque chose de pis : c'est tout ce qu'il demandoit.

OEuvres de Voltaire (publiées avec une préface d'Arnaud); *Dresde, Walther,* 1749, 8 *vol. in-8°.*

Voy. les anonymes de M. Barbier, N.° 5126. Il sembleroit que cette édition a été faite à Rouen, si l'on s'en rapporte à ce que dit Voltaire dans une lettre écrite à M. Dargental, datée de Potzdam, le 14 novembre 1750..... « Mon Baculard a voulu aussi désa-
« vouer une mauvaise préface qu'il avoit voulu mettre
« au devant d'une mauvaise édition qu'on a faite à
« *Rouen* de mes ouvrages. Il ne savoit pas que j'avois
« expressément défendu qu'on fît usage de cette rapso-
« die, dont, par parenthèse, j'ai l'original signé de
« sa main. Il s'adresse donc à mon cher ami Fréron;
« il lui mande que je l'ai perdu à la Cour, que j'ai mis
« en usage une politique profonde pour le perdre dans
« l'esprit du Roi, que j'ai ajouté à sa préface des cho-
« ses horribles contre la France; et qu'en un mot
« il prie l'illustre Fréron d'annoncer au public qui a
« les yeux sur Baculard, qu'il se lave les mains
« de cet ouvrage..... Je voudrois que la préface et
« l'édition et d'Arnaud, fussent à tous les diables. »

M. de Luchet, dans son *histoire de Voltaire,* dit, sous l'année 1753, que notre auteur s'arrêtant à Mayence, après la triste aventure de Francfort, y continua les *Annales de l'empire,* et y revit une nouvelle édition de ses œuvres que venoit de faire le libraire Walther de Dresde ; puis il ajoute en note que cette édition étoit en 7 *vol. in-8.°*, et que beaucoup de fautes se joignant à un extrême abus de la nouvelle orthographe, rendirent cette entreprise presque inutile aux lettres et aux biblio-thèques. Cette édition est-elle celle dont nous parlons? Je le crois, puisque Voltaire y a refait la *préface d'Arnaud,* comme cela est avéré, malgré son désaveu. Nous ajouterons que l'*index librorum prohibitorum* de Rome, 1786, *in-8.°*, fait mention, p. 306, d'une édition des OEuvres de Voltaire, publiée à Dresde, en 1748, sans indiquer le nombre de volumes ni le format.

OEuvres de Voltaire, *Londres*, 1751, 10 *vol. in*-12.

Voy. le catalogue de M. l'abbé de Chauvelin, 1770, N.° 659, et celui de M. de Pont-Carré, N.° 1755, où l'ouvrage est annoncé sans nom de ville, mais sous la même date, et avec le même nombre de volumes.

OEuvres de Voltaire (*Paris*), 1751, 11 *vol. in*-12.

Voy. le catalogue de M. Crozat, N.° 2350, et celui de M. l'abbé Mollet, 1769, N.° 240.

OEuvres de Voltaire, 1751, 15 *vol. petit in*-12.

Voy. le catalogue de M. Merigot, 1800, N.° 2471.

OEuvres de Voltaire (1). *Lausanne*, 1756, 17 *vol. in*-8°.

Voy. le catalogue de M. Moreau de Beaumont, 1785, N.° 985. — Il est question dans la *bibliothèque historique* de la France, tom. II, N.° 19979, d'une édition des OEuvres de Voltaire, 1756, 17 *vol. in*-12.

Nota. Il est difficile de se reconnoître dans les éditions *in*-8.°, publiées depuis 1756 jusqu'en 1784, date de l'édition de Kehl; parce qu'on n'avoit point encore pu adopter d'ordre constant et suivi pour former une collection complète. On imprimoit clandestinement les ouvrages chacun séparément, à mesure qu'ils sortoient de la plume de l'auteur, avec les dates des années où ils paroissoient, et souvent avec des noms de ville dif-

---

(1) La Henriade est dans le premier volume de cette édition; c'est la première fois que l'on trouve réuni à ce poëme un avant-propos ou jugement qui est du roi de Prusse. On y a aussi inséré les variantes des éditions de 1723, 1732 et suiv.; l'histoire abrégée des événemens sur lesquels est fondée la fable du poëme de la Henriade; une dissertation sur la mort de Henri IV; la Préface de Marmontel; les notes de l'édition de 1742, de Lenglet du Fresnoy; et les Essais sur la poésie épique.

férens; ensuite les amateurs faisoient des collections plus ou moins nombreuses, composées de ces ouvrages isolés. Voilà pourquoi l'on trouve, comme on le verra plus bas, tant de variétés dans le nombre de volumes qui composent une collection provenant de la même édition.

Collection complète des œuvres de Voltaire (*Genève, chez les frères Cramer*), 1756, d'abord en 17 *vol. in*-8.°; puis augmentée, les années suivantes, et portée jusqu'à 40 *vol. in*-8.°

Voy. le catalogue de Brunck, 1801, N.° 1969, où l'édition est en 40 *vol.* Il y est dit que cette édition est la plus authentique de toutes, qu'elle a été imprimée à Genève par Cramer, sous les yeux de l'auteur (1). — Dans le catalogue de M. Crozat, 1771, N.° 2351, cette édition n'est annoncée qu'en 20 *vol.* — Elle est en 23 *vol.* dans le catalogue de M. Sandras, 1771, N.° 2052. — Le catalogue de M. Mel de Céran, 1780, N.° 1327, porte cette édition à 43 *vol.* — On trouve le même nombre de *volumes* dans un exemplaire de M. de Saint-Martin. Voy. son catalogue, 1806, N.°

---

(1) Voici ce qu'on lit au sujet de cette édition, dans *l'histoire littéraire de Voltaire*, par le marquis de Luchet, *Cassel*, 1781, 6 *vol. in*-8.°, tom. III, p. 40 : « Voltaire ayant acquis
« une jolie maison appelée les Délices, à un quart de lieue de
« Genève, s'occupa de l'édition de ses œuvres dont il n'y avoit
« pas encore une collection complète. Sans cesse imprimées
« furtivement en France, on les accommodoit à l'esprit du
« ministère; défigurées en Hollande, on y introduisoit des
« ouvrages étrangers qu'on vendoit à la faveur d'un nom illustre;
« morcelées en Allemagne où les libraires honnêtes, mais
« n'osant risquer de grandes entreprises, les publioient en
« détail. MM. Cramer (Gabriël et Philibert) qui réunissoient
« à une extrême probité les connoissances des gens de lettres,
« et les talens agréables à cette facilité dans les affaires,
« premiers fruits d'une heureuse éducation, proposèrent à
« M. de Voltaire de remplir ses vues. Ce ne fut point une
« affaire d'argent; l'auteur promit de revoir ses ouvrages, et
« les éditeurs d'en faire jouir le public aux moindres frais
« possibles. Voilà tout le contrat exécuté des deux parts avec
« une bonne foi qui, dans le cours de vingt ans, n'a jamais
« été altérée. »

877, où tous les ouvrages composant cette édition sont détaillés. — L'exemplaire de M. le duc de la Vallière, N.° 17877 de son catalogue, est annoncé sous les années 1756 — 1776, et n'a que 40 *vol.* avec le détail des pièces. On n'y trouve ni la *raison par alphabet*, ni la *Pucelle*, poëme, ce qui forme les 3 *vol.* qui sont de plus dans les exemplaires de M. Mel de Ceran et de M. de Saint-Martin.

OEuvres complètes de M^r. Arouet de Voltaire; *Genève*, 1757, 17 *vol. in*-8.°; *de plus,* 3 *vol.* de supplément; *en tout* 20 *vol. in*-8°.

Telle est l'annonce portée dans le catalogue de Mme. de Pompadour, 1765, n.° 2282. Il pourroit se faire que cette édition, malgré sa date de 1757, fût la même que celle des frères Cramer, portée dans l'article précédent, sous l'année 1756. — La même édition, de *Genève*, 1757, est annoncée dans le catalogue de M. Randon de Boisset, 1777, n.° 1032, comme ayant 49 *vol. in*-8.° — Il est question, dans le catalogue de Mr Pinelli, *Venise*, 1787, tome v, page 186, n.° 371, d'une édition de Voltaire (sans lieu ni imp.), 1757—1763, 18 *vol. in*-8°. — Le catalogue de M. D'Alphen, *Leyde*, 1779, n.° 3177, fait mention d'une édition des *œuvres de Voltaire*, 1757, 10 *vol. in*-8.°, fig.

OEuvres de Voltaire, *Paris*, 1757, 10 *vol. in*-12.

V. le catalogue de M. de Courtanvaux, 1782, n.° 1723.

OEuvres de Voltaire, seconde édition, enrichie de figures (*sans nom de lieu*), 1757, 16 *vol. in*-12.

V. le catalogue de M. de la Serna-Santander, 1803, n.° 3488.

OEuvres de Voltaire, *Paris*, 1758, 24 *vol. in*-12, fig.

V. le catalogue de M. Lamoignon de Malsherbes,

1797, n.° 3912. Cette édition paroît avoir beaucoup de coïncidence avec les deux précédentes, malgré la différence du nombre de *vol.* dans les trois exemplaires.

OEuvres de Fr.-Marie Arouet de Voltaire, nouvelle édition, revue, corrigée et augmentée. *Dresde, Walther,* 1758, 19 *vol. in-*8°.
V. le catalogue de M. De Selle, 1761, n.° 1546.

OEuvres diverses de Voltaire, 1764, 20 *vol. in-*8°.
V. le catalogue de M. Leroi de Joinville, 1770, n.° 107.

OEuvres de Voltaire, *Genève (Cramer),* 1768, 30 *vol. in-*4°, et supplément; *Paris,* 1796, 15 *vol.*, en tout 45 *vol. in-*4.°, fig.
Cette édition, qui n'est point belle, a été tirée à 4500 exemplaires. Les 30 premiers vol. se trouvoient dans la bibliothèque de M. de Varenne. V. son catalogue, 1791, n.° 43.

OEuvres de Voltaire, *Lausanne,* 1770, 36 *vol. in-*8°.
V. le catalogue de M. l'abbé Pluquet, 1791, n.° 1961. — Dans le catalogue de M. Merigot, 1800, n.° 2484, un exemplaire de *Lausanne,* 1770, est en 38 *vol. in-*8.° — J'ai vu, chez un de mes amis, un exemplaire portant la date de 1770, sans nom de lieu, avec une vignette en taille douce au frontispice. Cette collection est en 57 *vol. in-*8.° Mais plusieurs parties ont des dates différentes; il y en a même qui portent *Londres* au frontispice, avec la date de 1781. — Une autre collection du même genre, c'est-à-dire, composée de divers ouvrages imprimés en différens temps, existe chez une personne de ma connoissance. Elle est en 53 *vol. in-*8.°, dont voici le détail: *Essai sur les mœurs,* etc. (sans indication de lieu), 1770, 6 *vol.* — *Siècles de Louis XIV, Louis XV, Charles XII, Pierre-le-Grand* (sans indication de lieu), 1771,

6 *vol.* — *Théâtre*, Lausanne, Grasset et comp., 1772, 8 *vol.* — *Mélanges, contenant poésies légères, romans, Philosophie de Newton*, etc. Londres, 1772, pour les 9 premiers vol., et (sans indication de lieu), 1773, 72, 75 et 76 pour les 9 derniers. (Cette édition, indiquée nouvelle et dernière, a été donnée par souscription; on trouve à la fin du 6.ᵉ volume des Mélanges, la liste des souscripteurs). — *Questions sur l'Encyclopédie* (sans indication de lieu), 1771, 5 *vol.*, et 1772, 4 *vol.*, en tout 9 *vol.* — *La raison par alphabet* (sans indication de lieu), 1773, 2 *vol.* — La *Pucelle*, Londres, 1774, 1 *vol.* — *La Philosophie de l'histoire*, Amsterdam, Changuion, 1775, 1 *vol.* — La *Henriade* (sans indication de lieu), 1771, 1 *vol.* Tels sont les 53 *vol.* de cette collection et l'ordre dans lequel ils se trouvent. Ils paroissent tous sortis des mêmes presses. On y a ajouté deux *vol.*; *la Bible expliquée*, Londres, 1777, mais ils sont d'une autre impression.

OEuvres de Voltaire contenant des mélanges philosophiques, littéraires, historiques, tant en vers qu'en prose. *Neufchâtel (Paris)*, 1771, 6 *vol. in*-12.

V. le catalogue de La Vallière, n.° 13360. Ces six vol. font sans doute partie d'une édition portant : *Neufchâtel*, 1772, 40 *vol. in*-12, dont un exemplaire étoit chez M. Mérigot. (V. son catalogue, n.° 2473); ainsi que d'un autre exemplaire en 34 *vol. in*-12, qui étoit chez M. Ch. Denys Pierres, avec l'inscription *Neufchâtel*, 1773. V. son catalogue, 1807, n.° 91.

OEuvres de Voltaire, édition encadrée; *Genève*, 1775, 40 *vol. in*-8.°, *fig.*

V. le catalogue de M. Vielsmaison, 1791, n.° 12. On prétend que cette édition, dont le texte, à chaque page, est encadré, a été tirée à 6000 exemplaires, et que Voltaire en a revu les épreuves. — Les catalogues de M. Rivière, 1811, n.° 175, et de M. Rolle, n.° 478, annoncent une édition sous le titre d'*OEuvres diverses de Voltaire*, Genève, 1775, 40 *vol. in*-8.°,

fig. ; et le catalogue de M. De Lamoignon de Malsherbes, n.° 3914, en porte un autre exemplaire, sous le titre : *Collection des œuvres de Voltaire*, Lyon, 1775, 41 *vol. in*-8.° Il est bien présumable que, parmi ces différentes éditions en 40 *vol.*, se trouve celle dont parle Voltaire dans une lettre qu'il écrit à D'Alembert, le 8 février 1776. « Un misérable libraire, nommé
« Bardin, dit-il, s'est avisé d'annoncer une édition en
« 40 volumes, sous mon nom. Il ne se contente pas de
« m'étouffer sous ce tas énorme de sottises qu'il m'at-
« tribue, il veut encore me faire brûler avec elles. Le
« scélérat m'impute hardiment tous les ouvrages de
« Milord Bolingbroke, le Cathécumène de M. Bordes,
« académicien de Lyon, le Dîner de Boulainvilliers,
« des extraits de Boulanger et de Fréret, et cent autres
« abominations de cette force. Ce procédé est punis-
« sable ; mais, que faire à un libraire qui demeure dans
« une république où tout le monde est ouvertement
« Socinien, excepté ceux qui sont Anabaptistes ou
« Moraves? etc. » Il n'y auroit rien de surprenant que Voltaire, malgré la déclaration ci-dessus, eût présidé à cette édition dont il se plaint. Il a toujours eu pour principe de crier contre les libraires qui publioient ses ouvrages, même les éditions dont il revoyoit les épreuves; parce que cela lui donnoit le droit de dire qu'on y avoit inséré bien des sottises qui n'étoient pas de lui ; et ces sottises n'étoient autre chose que ses diatribes et ses pamphlets qu'il n'osoit avouer, mais qu'il étoit bien aise de voir répandre de tous côtés. Quelquefois il arrivoit que, pour mieux cacher son jeu, il faisoit ajouter à ses diatribes impies, d'autres diatribes du même genre, qui étoient évidemment connues pour n'être pas de lui.

Nota. Nous sortons enfin de ce labyrinthe inextricable d'éditions *in*-8.°, publiées depuis 1756 et composées de pièces et de morceaux imprimés successivement et formant des collections indigestes dont il est difficile, pour ne pas dire impossible, de coordonner les parties. Nous arrivons à l'édition de Kehl, dont on fit paroître le prospectus en 1780. (Voyez à ce sujet la note mise au bas de la page 7). Aussitôt que ce prospectus fut répandu, il fut dénoncé au parlement de Paris, par

M. D....., le 10 mars 1781. Voici un passage de cette dénonciation : «...... On publie hautement et avec la plus grande
« ostentation, une souscription pour les œuvres en-
« tières de Voltaire, et dans cette édition, on se pro-
« pose de réunir, et les ouvrages qu'il a donnés en les
« avouant, et ceux qu'il a furtivement répandus, en
« niant qu'il en fût l'auteur, et ceux que l'effroi qu'ils
« lui inspiroient à lui-même, a tenus renfermés dans
« son porte-feuille. C'est cette collection d'impiétés,
« d'infamies, d'ordures, qu'on invite l'Europe à se pro-
« curer, en la parant de tout le luxe typographique.....
« Ainsi on va rassembler en un seul corps tous ces
« membres épars, afin que tout le poison soit réuni
« et que rien n'échappe à sa contagion ; pour que l'im-
« piété y trouve des armes contre la religion ; le liber-
« tinage, des attraits dans les peintures les plus obs-
« cènes ; l'esprit d'indépendance, un appui contre l'au-
« torité, etc. etc. : rendez donc inutile cette conjura-
« tion funeste à la religion et à la société........ » Cette
dénonciation, aussi forte en raison, qu'écrite avec chaleur, n'a point empêché que l'édition ne parût ; elle a
seulement privé les éditeurs du plaisir de la publier en
France ; mais les presses étoient à la porte, car elles
n'étoient séparées de France que par le Rhin. Enfin
cette édition a été imprimée à Kehl, sous le titre suivant :

OEuvres complètes de Voltaire (édition
entreprise aux frais de Beaumarchais, et
publiée avec les notes de Condorcet, par les
soins de M. de Croix) ; *de l'imprimerie de
la Société littéraire typographique.* (Kehl),
1784 et 1785-89, 70 *vol. in-8°.* avec 108 fig.
d'après les dessins de Moreau jeune.

Cette édition, imprimée sur cinq sortes de papiers,
a été tirée à 28,000 exemplaires. L'un des plus curieux
est celui qui existoit en grand papier vélin satiné, dans
la bibliothèque de M. Clos ; voyez-en la description
dans son catalogue, 1812, n.° 263.

Il y a des exemplaires de cette édition, qui portent,
au 1.er vol., 1784, et d'autres, 1785. Il existe aussi
des différences, entre les exemplaires, dans l'arrange-

ment de quelques parties de cette collection : dans les uns, *l'Histoire de Charles XII*, les *Annales de l'Empire*, la *Politique* et la *Législation*, enfin, la *Physique de Newton*, forment les tom. 23, 25, 29, 30 et 31; dans d'autres, les *Annales de l'Empire*, l'*Histoire de Charles XII*, la *Physique de Newton*, et la *Politique et Législation*, forment les tomes 22, 28, 29, 45 et 46. (Voyez les *Anonymes* de M. Barbier, *tome* 11, p. 141—142). C'est ce qui a fait que la *Table alphabétique et raisonnée des matières* contenues dans les 70 *vol.*, publiée par M. Chantreau, *Paris*, an IX—1801, 2 *vol. in*-8.°, étant conforme à la première suite des volumes dont nous venons de parler, ceux qui ont des exemplaire de la seconde suite, trouvent cette table défectueuse.

On peut ajouter à l'édition de Kehl, ainsi qu'à toute autre, 1.° des lettres inédites de Voltaire, publiées par M. Auger. *Paris, Xhrouet*, 1808, 2 *vol. in*-8.° ou *in*-12; 2.° d'autres lettres inédites de Voltaire à Mme. la comtesse de Lutzelbourg. *Paris, Masse*, etc., 1812, 1 *vol. in*-8.°, avec un calque. M. Guillaume, avocat à Besançon, qui possède dans sa riche bibliothèque la correspondance autographe et inédite de Voltaire avec l'abbé D'Olivet, en a publié une bonne notice, *Besançon*, 1814, *in*-8.° Je connois encore des poésies inédites de Voltaire, mais il est inutile d'en indiquer le dépôt.

ŒUvres complètes de Voltaire (mêmes éditeurs que ceux de la précédente), *de l'imprimerie de la société littéraire typographique* (à Kehl), 1785, 92 *vol. in*-12.

Cette édition, également imprimée sur cinq papiers différens, a été tirée à 15,000 exemplaires. Elle renferme les mêmes matières que la précédente ; et l'une et l'autre méritent très certainement le reproche d'une malheureuse surabondance, malgré les ouvrages posthumes qui depuis ont été publiés. Aussi M. Palissot, admirateur outré de Voltaire, dit : « Malgré les inten-
« tions louables de M. de Beaumarchais, cette édi-
« tion (de Kehl), il faut en convenir, ne présente

« qu'une masse indigeste de volumes, assemblés sans
« choix, et dans lesquels il se trouve d'ailleurs beau-
« coup de pièces qui devoient d'autant moins y être
« admises, que Voltaire les avoit constamment rejetées
« de toutes ses éditions. » A ces reproches très fondés
que Palissot fait à l'édition de Kehl, j'ajouterai celui
du peu de soins dans le tirage ; j'ai vu dans le format
in-8.°, un exemplaire sur papier à l'étoile, dans lequel
une ligne toute entière manque : c'est au 38.ᵉ vol.,
page 222, article BAPTÊME, dans le 2.ᵉ tome du *Dictionnaire philosophique*, après l'alinéa qui finit par
ces mots.......... *à ces superstitions ridicules*. L'alinéa
suivant est privé de sa première ligne ; il commence
ainsi : *n'étoit plus commun que d'attendre l'agonie
pour recevoir le baptême*, p. 223. La ligne enlevée,
qui doit précéder ce dernier passage, est celle-ci : *Dans
les premiers siècles de l'Eglise, rien etc.*

Palissot relève des fautes du même genre. « Dans
« l'*Essai sur les mœurs et l'esprit des nations* (tome
« III), dit-il, on parle d'un accès de frénésie de
« Charles VI ; on ajoute que Valentine de Milan,
« femme du duc d'Orléans, frère de ce prince, fut ac-
« cusée de cet accident ; et comme immédiatement
« après on lit : *Ce qui prouve seulement que les Italiens en savoient plus qu'eux* ; l'énigme est impos-
« sible à deviner, parce qu'il manque dans le texte
« une ligne entière » (que voici : *Ce qui prouve que*
les Français, alors fort grossiers, pensoient que *les
Italiens*, etc. etc.) « Dans le volume suivant, on lit
« que François I.ᵉʳ voulut établir en France la religion
« *romaine*, ce qui n'est pas moins inintelligible, etc. »

OEuvres complètes de Voltaire. *Basle, de
l'imprimerie de J. J. Tourneisen*, 1784-
1790, 71 *vol. in*-8.°

V. le catalogue de Brunck, 1801, n.° 1987. Cette
réimpression de l'édition de Kehl, a été tirée à 6000
exemplaires. On cite encore une édition de *Gotha*,
même année, même nombre de volumes, et même
tirage.

OEuvres complètes de Voltaire ; *Lyon*, 1791, 100 *vol. in*-12.

V. le catalogue de M. Bast, 1812, n.° 639.

OEuvres de Voltaire ; *Deux-Ponts*, 1792, 100 *vol. in*-12.

OEuvres de Voltaire, nouvelle édition, avec des notes et des observations critiques, rédigées par M. Palissot. *Paris, Stoupe* et *Servière*, 1792, 55 *vol. in*-8.°

Quelque mal que M. Palissot ait dit de l'édition de Kehl, quelque soin qu'il ait pris d'*en écarter, par respect pour la mémoire de Voltaire, les superfluités puériles, les lettres oiseuses, les morceaux douteux, et de sacrifier tout ce que l'intérêt de sa gloire ou même un sentiment de bienséance ordonnoient de supprimer* (ce sont ses propres expressions), on peut assurer que son édition ne vaut pas mieux que celle de Kehl, sous le rapport moral ; mais, qu'elle est préférable pour l'ordre des matières : ses préfaces et ses notes se ressentent du temps où il les a rédigées. En outre il a conservé ce qu'il y a de plus cynique dans les parties condamnables des œuvres de Voltaire ; il a fait plus, il a révélé des noms, que, par égard et par prudence, on avoit voilés dans les éditions précédentes ; et il a ajouté des f. et des b. aux endroits où, par un reste de pudeur, on avoit mis des points. Qui reconnoîtroit à un pareil travail l'auteur de la comédie des philosophes ? et il prétend avoir sacrifié tout ce que l'intérêt de la gloire de Voltaire, ou même un sentiment de bienséance lui ordonnoient de supprimer ! *Risum teneatis*. Son édition a été tirée à 500 exemplaires.

OEuvres choisies de Voltaire ; *Paris, Servière, an* VI-1798, 40 *vol. in*-8.°

Cette collection, divisée en trois sections, présente Voltaire, poëte, 15 *vol.* ; Voltaire, historien, 13 *vol.* ; et Voltaire, philosophe, 12 *vol.* Je crois que Servière a encore publié une édition des œuvres choisies de Voltaire, en 30 *vol. in*-18.

Œuvres de Voltaire, édition stéréotype ; *Paris, P.* et *Firmin Didot*, 1800 *et suiv.*, 54 *vol. in*-18, et *petit in*-12 *en pap. vélin*.

  Cette édition n'a d'abord été tirée qu'à 2500 exemplaires ; mais, par le moyen des planches solides, on peut multiplier le tirage à volonté.

Œuvres de Voltaire, édition stéréotype d'Héran ; *Paris, Nicole* et *Renouard*, 1810, 21 *vol. in*-8.°, ou 21 *vol. in*-12.

  Cette édition ne renferme qu'une partie des œuvres de Voltaire. Le choix a été fait de manière à pouvoir y placer la suite de gravures que M. Renouard a publiées pour les *œuvres* de Voltaire en 146 estampes.

  Telles sont les éditions des œuvres complètes ou choisies de Voltaire, qui sont parvenues à notre connoissance ; nous ne finirions pas, si nous voulions ajouter à cette nomenclature, celle des éditions particulières de ses ouvrages publiés séparément. Nous nous contenterons de dire que le *théâtre* (1) a été tiré à plus de . . . . 50,000 exempl.
La *Henriade*, à au moins . . . . . 300,000 ex.
Un autre poëme, qu'il est inutile de
  nommer, à . . . . 300,000 ex.
Ses *romans* et *contes*, à plus de . . 250,000 ex.
Ses *Questions sur l'Encyclopédie*,
  qui ont paru en plus ou moins de
  volumes, sous différens titres, tels
  que le *Dictionnaire philosophique,*
  la *Raison par alphabet*, etc., à
  plus de . . . . 150,000 ex.
  Ses poésies diverses et ses ouvrages d'histoire, ont aussi eu un tirage très considérable. Rappelons ici som-

---

(1) Les *Remarques* de Voltaire, *sur le Théâtre de Corneille*, ont été souvent réimprimées. On sait qu'il donna par souscription, en 1764, la première édition de ce *Théâtre avec les Remarques*, pour doter Mll.e Corneille, non pas petite-fille, comme on le croyoit, mais parente très éloignée du grand Corneille (elle descendoit d'un oncle de l'auteur du Cid). La souscription ouverte pour cet objet fut remplie par 3000 souscripteurs.

mairement le nombre d'exemplaires de quelques éditions complettes dont nous avons parlé plus haut.

L'édition de *Genève*, 1768, etc. 45
 vol. in-4.°, a été tirée à . . . . . 4,500 exempl.
Celle de *Genève*, 1775, 40 *vol. in*-8.° à   6,000
Celle de *Kehl*, 1784, 70 *vol. in*-8.° à   28,000
Celle de *Kehl*, 1785, 90 *vol. in*-8.° à   15,000
Celle de *Bâle*, 1784, 71 *vol. in*-8.° à   6,000
Celle de *Gotha*, 1784, 70 *vol. in*-8.°   6,000
Celle de Palissot, *Paris*, 1792, 55
 vol. in-8.° à   500
Enfin, l'édition stéréotype en 54 *vol.*
 in-18 à 2,500

 D'après ce nombre exorbitant d'éditions en tous genres, étoit-il si nécessaire d'en publier quatre nouvelles et bien complètes? Je renvoie, pour la réponse à cette question, aux excellentes réflexions que M. de Bonald a consignées dans le *Journal des Débats* du 15 mars 1817, et à ce qu'ont dit, sur le même sujet, M. de Marcellus et plusieurs autres amis de la religion et des mœurs. Quoi qu'il en soit, voici l'indication de ces quatre éditions qui, pour la plupart, semblent avoir été mises sous presse *ab irato*.

 Œuvres complètes de Voltaire (données par les soins de M. Auger); *Paris, Desoer,* 1817, 12 *vol in*-8.°

 Cette édition, dite compacte, doit renfermer tout ce qui se trouve dans les 70 *vol. in*-8.° de la collection de Kehl. Il existe dans la *Quinzaine littéraire*, n.° VIII, 15 avril 1817, un bon article sur cette édition; je voudrois pouvoir le rapporter en entier, mais son étendue ne me le permet pas d'après le cadre que j'ai adopté; je citerai seulement le passage suivant qui a rapport au nouveau systême des éditions compactes. « Ce procédé

L'impératrice de Russie, Catherine II, souscrivit pour 250 exemplaires. Louis XV se fit inscrire pour 400 louis. Voltaire se réserva 100 exemplaires, en qualité, dit-il, d'entrepreneur de cette affaire, et de père de Mlle. Corneille (depuis Made. Dupuits). Le cardinal de Bernis en prit 12 exemplaires; le duc de Nivernois, 12; le duc de Richelieu, 12, etc. etc.

« typographique rend, dit l'auteur, la plus dange-
« reuse de toutes ces réimpressions, celle qui, en
« resserrant le plus de matière dans le moindre espace,
« ne laissera plus la liberté du choix entre le bon et le
« médiocre, entre la décence et l'immoralité. La mul-
« tiplicité des *tomes* permet du moins à la vigilance in-
« quiète des pères et des maîtres de dérober à l'impru-
« dente avidité de la jeunesse, des ouvrages qu'elle au-
« roit lus sans profit pour le goût, mais non pas sans
« danger pour les mœurs. Ici l'on n'a plus cet avan-
« tage, et l'édition dont je parle, place nécessaire-
« ment le père de famille dans la nécessité d'interdire
« à son fils la lecture, vraiment profitable, de ce que
« Voltaire a fait de bon, ou le condamne à lui laisser
« lire tout ce qu'il a écrit de dangereux. »

OEuvres complètes de Voltaire ; *Paris, Plancher*, 1817, 35 *vol. in*-12.

Cette édition, si l'on en croit le prospectus, est celle qui renfermera le plus d'augmentations. Grand bien en advienne aux souscripteurs ; mais c'est accroître la stérile abondance que l'on a reprochée si justement à l'édition de Beaumarchais.

OEuvres complètes de Voltaire, *Paris, veuve Perronneau*, 1817, 50 *vol. in*-12.

OEuvres complètes de Voltaire ; *Paris, Lefèvre*, 1817, 36 *vol.* in-8.º

Cette édition sera certainement la plus belle des quatre nouvelles ; mais tous les amis de la morale et du goût, qui ont apprécié le mérite des bonnes éditions de *Destouches*, de *La Fontaine*, de *Montesquieu*, de *La Harpe*, qu'a données M. Lefèvre, auroient désiré qu'il fît un bon choix de tout ce que Voltaire offre de beau et de bon, et le publiât avec son goût et ses soins ordinaires. Il nous semble que cette entreprise eût d'autant mieux réussi, que cette édition seroit la première et la seule que l'on pourroit consulter hardiment, sans craindre de trouver, à côté d'un aliment sain et agréable, le poison le plus dangereux et le plus détestable.

III.

NOTICE

Des condamnations qu'ont encourues la plupart des écrits de Voltaire.

Si les nouveaux éditeurs de Voltaire n'ont point été arrêtés dans leur entreprise par les anciennes éditions, dont le grand nombre doit nécessairement un peu nuire au débit des nouvelles, on peut bien penser qu'ils l'ont encore moins été par les condamnations qu'ont encourues autrefois la plupart des écrits de Voltaire ; et sans faire injure à ces messieurs, on peut ajouter que ces condamnations sont certainement la chose à laquelle ils ont le moins pensé, ou que s'ils y ont pensé, c'est pour en rire et s'en moquer. Au reste, les temps sont tellement changés, qu'on seroit presque tenté de leur passer cet oubli ou ces petites joyeusetés philosophiques, tant les progrès des lumières ont mûri notre raison et rendu service à la société. Cependant il est bon de rappeler aux lecteurs qui voient les objets d'un œil différent, que, dans le temps, la religion et la justice ont réuni leurs voix pour s'opposer à la propagation des productions scandaleuses de Voltaire, aussitôt qu'elles ont été connues. Nous avons fait quelques recherches à ce sujet, et nous croyons devoir les consigner ici, ne seroit-ce que pour montrer la différence qui existe entre le temps passé et le temps présent, et pour prémunir contre le danger de ces mauvais livres, le lecteur honnête et religieux, mais inexpérimenté, entre les mains de qui ils pourroient tomber. Nous classons par ordre chronologique les ouvrages condamnés, ou dont la publication a éprouvé des difficultés.

Voici ceux sur lesquels nous avons obtenu quelques renseignemens.

La Ligue ou Henri-le-Grand, poëme épique par de Voltaire; *Genève* (*Londres*), 1723, *in-8*.

Tel est le titre de la première édition de la Henriade (1). Quoique ce poëme n'ait pas encouru de con-

---

(1) L'abbé Desfontaines en a donné une seconde à Evreux, qui est aussi imparfaite que la première, et dans laquelle il s'est avisé de glisser des vers de sa façon aux endroits où il y avoit des lacunes; ils sont faciles à distinguer. Cette édition est fort rare. (Bibliot. hist. de la Fr., n.° 19552.)

Nota. Les premières éditions de la *Henriade* ne renferment que neuf chants; elles sont très fautives, remplies de vers foibles, de transpositions, de lacunes, et dans un ordre différent de celui que l'auteur a depuis adopté. Voici quel étoit le début du poëme :

Je chante les combats, et ce roi généreux
Qui força les Français a devenir heureux;
Qui dissipa la ligue et fit trembler l'Ibère,
Qui fut de ses sujets le vainqueur et le père :
Dans Paris subjugué fit adorer ses lois,
Et fut l'amour du monde et l'exemple des rois.
Muse, raconte-moi quelle haine obstinée
Arma contre Henri la France mutinée,
Et comment nos aïeux à leur perte *courans*,
Au plus juste des rois préféroient des tyrans.

On n'a pas besoin de dire combien le début actuel de la *Henriade* est plus heureux. L'auteur a fait des changemens considérables dans beaucoup d'autres endroits du poëme, surtout dans le sixième et septième chants. Celui qui étoit le sixième dans les premières éditions, est le septième dans l'édi-

damnation juridique, il n'a pas moins éprouvé de grandes difficultés dans le principe, pour être publié en France. Quand il en parut furtivement quelques exemplaires à Paris, on cria à l'impiété. Le Clergé fut d'avis de le flétrir par une censure ecclésiastique, comme contenant les erreurs des semi-pélagiens. A la Cour, on disoit qu'il n'y avoit qu'un séditieux qui eût pu faire l'éloge de l'amiral Coligny. Ce n'est qu'assez tard que la publication en a été tolérée en France; et à dire vrai, il y a quelques vers relatifs à la Religion catholique, qui se ressentent un peu de la source très peu catholique d'où ils sont sortis.

Lettres philosophiques, première édition, (*Rouen, Jore*, 1731), *in-12*. Seconde édition, *Rouen, chez Jore (Amsterdam, chez Ledet*), 1734, *in-12*.

Cet ouvrage a été dénoncé par le Clergé; un édit du Conseil en a ordonné la suppression; un arrêt du parlement de Paris, du 10 juin 1734, l'a condamné à être

---

tion de Londres, 1728, *in-4.º*, et dans celles qui l'ont suivie; c'est depuis 1728 que le titre de *Henriade* a été donné à ce poëme qui s'appeloit précédemment la *Ligue*. On voyoit avec plaisir figurer dans les premières éditions, Sully comme le compagnon d'armes et l'ami de Henri; il a été remplacé par Duplessis-Mornay, dans les éditions postérieures. Ce changement a eu lieu à raison d'une aventure désagréable que Voltaire a eu en 1726 devant l'hôtel du jeune duc de Sully, chez qui il dînoit.
Dès 1733 la Henriade n'a plus éprouvé que de légères corrections; si ce n'est dans l'édition de 1756, où la fin du cinquième chant est toute nouvelle. Les éditions de ce poëme se sont multipliées à l'infini; on porte le nombre des exemplaires à plus de 300,000; il a été traduit en latin, en italien, en espagnol, en anglois, en allemand, en hollandois, en russe, etc. La traduction en vers latins est de M. de Caux de Cappeval (*Calcius Cappavellis*), elle a eu plusieurs éditions. M. Bordes de Lyon en avoit aussi traduit le premier chant en latin (V. les mss. de la bibliothéque de Lyon, par M. de Landine, t. 1, pag. 428). On connoit plusieurs traductions italiennes de ce poëme. L'une est d'un M. Nency dont Voltaire parle avec éloge. Le marquis de Luchet en a donné le début dans son *Histoire littéraire de Voltaire*, tom. III, pag. 46.

Canto quel grand' eroé, ré della Gallia
Che per conquista, e per suo reggio sangue

brûlé par l'exécuteur de la haute justice, comme contraire à la Religion, aux bonnes mœurs et au respect dû aux Puissances. Enfin la Cour de Rome l'a également proscrit par décret de la Chambre apostolique, du 4 juillet 1752.

Nota. La première édition de cet ouvrage a été cause d'un procès très grave entre le libraire Jore et Voltaire. Ce Jore, imprimeur-libraire à Rouen, a été, pour avoir imprimé ce livre, mis à la Bastille et privé de son état; il n'avoit, dit-il, imprimé ces vingt-cinq lettres que sur la parole de Voltaire, qui l'assuroit avoir une permission verbale de publier l'ouvrage. Quand l'impression fut terminée, Voltaire recommanda au libraire de cacher l'édition jusqu'à ce qu'il y eût permission par écrit des supérieurs; mais, en attendant, il lui demanda deux exemplaires, dont l'un fut com-

---

Che apprenne a governar del fato averso,
Perseguitato, vense, e perdono,
Mayenna sperse, la lega et l'Ibero
E vincitor fu de soggetti, e padre.

Une autre traduction italienne est d'un M. Giuseppe Cerretesi. Le cardinal Quirini a aussi traduit ce poëme en italien, ainsi que la *Bataille de Fontenoi*. Jean-Christ Schwars en a traduit en vers allemands les cinq premiers chants, etc.

Voltaire dit, dans une de ses lettres à Cideville, Bruxelles, 5 mai 1740: « ... Le prince royal de Prusse, à qui son ogre « de père permettoit à peine de lire, n'attend pas que ce père « soit mort pour oser faire imprimer la *Henriade*. Il a fait fondre « en Angleterre des caractères d'argent, et il compte établir « dans sa capitale une imprimerie aussi belle que celle du « Louvre... » Palissot, dans une note sur ce passage, prétend que « ces beaux caractères d'argent ne servirent pas et « que l'édition n'eut pas lieu, quoique le prince royal en eût « fait la préface. » Voltaire et Palissot se trompent sur ces caractères d'argent, il n'en étoit pas question; les Anglois savent aussi bien que nous qu'on ne peut pas imprimer avec des caractères de ce métal, il n'est pas assez doux; mais il s'agissoit de graver le texte du poëme ainsi qu'il est rapporté dans la *Bibliothèque historique de la France*, où il est dit, sous le N.° 19552: « Dans l'édition de la Henriade qui forme le tom. 1 « des *Œuvres de Voltaire*, 1756, 17 vol. in-8.° on trouve un « avant-propos ou jugement qui n'avoit pas encore paru. Il est « de la façon du roi de Prusse. Ce prince l'avoit fait pour être « placé à la tête de ce poëme, qu'il avoit chargé M. Algaroti « de faire graver à Londres en 1736, ce qui ne fut pas exé- « cuté. »

muniqué à un libraire de Paris, qui, sur-le-champ, en fit faire une copie, et bientôt on vit paroître deux éditions. L'une est de Ledet, imprimeur à Amsterdam, et porte sur le frontispice : *A Rouen, chez Jore*, 1734. L'autre porte : *A Amsterdam, chez E. Lucas, au Livre d'or*, 1734. La véritable édition de Jore, est de Rouen, 1731. Ces faits sont rapportés, ainsi que beaucoup d'autres, dans le mémoire de Jore. Il est difficile de croire à tous les traits de lésinerie, de perfidie, de méchanceté et de noirceur dont ce libraire accuse Voltaire. Cependant ce mémoire a paru publiquement; il est signé de l'avocat Bayle, à Paris, le 9 juin 1736. On le trouve dans le *Voltariana*, Paris, 1749, *in*-8.°, pp. 65-85. Le fond du procès est 1500 livres que Jore, embastillé, ruiné et dépouillé de son état, demandoit à Voltaire pour indemnités et frais d'impression de son livre; et Voltaire, qui avoit alors 28,000 livres de rente, refusoit de payer cette somme. Il y a eu transaction. Voltaire avoit fui de Paris.

Le Fanatisme, ou Mahomet le Prophète, tragédie, représenté pour la première fois à Paris, le 9 août 1742.

A peine cette pièce eût-elle paru sur la scène, qu'elle fut dénoncée comme scandaleuse et impie. Le parlement en suspendit les représentations. Il vint dans l'idée à Voltaire de la dédier au Pape Benoît XIV ; il dressa toutes ses batteries pour la faire bien accueillir à la Cour de Rome, et il y réussit parfaitement. Le Souverain Pontife lui adressa un bref de félicitation, des remercîmens, et des médailles. Le malin poëte en rit beaucoup *in petto*, et avec ses amis. Son but fut rempli, les défenses de représenter la pièce à Paris, furent levées, et dès-lors elle a toujours été jouée avec succès. C'est l'une des plus fortes tragédies de l'auteur; rien de plus beau que l'entrevue de Mahomet et de Zopire au second acte ; rien de plus terrible que la fin du 4.ᵉ Cette pièce avoit été représentée précédemment à Lille. Voltaire dit, dans une lettre, datée de Gray en Franche-Comté, le 19 janvier 1742, adressée à M. Dargental : « . . . . Je ne me mêle que de reprendre de temps

« en temps mon Mahomet en sous-œuvre. J'y ai fait ce
« que j'ai pu ; je le crois plus intéressant que lorsqu'il
« fit pleurer les Lillois. J'avoue que la pièce est très
« difficile à jouer, mais cette difficulté même peut
« causer son succès. »

Le Testament de Jean Meslier (analysé par Voltaire). 1742, 1 *vol. in*-8.° de 51 *pag*.

Nous avons déjà parlé de cet exécrable ouvrage, p. 14. Il a été condamné à être brûlé par arrêt du parlement de Paris ; la Cour de Rome l'a foudroyé le 8 juillet 1765. Jean Meslier fils, ouvrier en serge du village de Maserni, et curé d'Etrépigni en Champagne, est mort en 1733, âgé de 55 ans. Anacharsis-Clootz avoit proposé à la convention nationale d'ériger une statue à ce *digne* prêtre. Cette proposition n'a pas eu de suite. C'est dommage ; et sans doute que l'on eût mis pour inscription au bas de cette statue *le dernier et le plus ardent des vœux* de J. Meslier.

Abrégé de l'Histoire universelle depuis Charlemagne jusqu'à Charles V. *Londres*, 1743, 2 *vol. in*-12.

Cet ouvrage a été condamné à Rome le 21 novembre 1757. Il y en eut plusieurs éditions avant qu'elle fût refondue dans l'*Essai sur les mœurs et l'esprit des nations*; la Cour de Rome a également condamné, par le même décret, l'*Essai sur l'histoire universelle*, *in*-12, qui est à-peu-près le même ouvrage que le précédent. Quand, en 1761, les Anglais voulurent traduire l'*Essai sur les mœurs*, Voltaire écrivit à ce sujet à M. Vernes de Genève : « On leur a mandé de n'en rien faire, attendu
« que les Cramer vont en donner une nouvelle édition
« un peu plus curieuse que la première. On n'avoit
« donné que quelques soufflets au genre humain, dans
« ces archives de nos sottises, nous y ajouterons force
« coups de pieds dans le derrière. Il faut finir par dire
« la vérité dans toute son étendue. » Et souvent j'entends louer cet ouvrage !

OEuvres de Voltaire, *à Dresde*, 1748.

Cette édition, ainsi désignée dans l'*Index librorum*

prohibitorum de 1786 ; a été condamnée à Rome, par décret du 22 février 1753.

Le Sermon des Cinquante, 1749, *in*-8.°

Ce livre a été condamné à Rome le 8 juillet 1765. Il paroît que la Chambre apostolique n'a point connu Voltaire pour être l'auteur de cette production impie, car il est dit dans l'*Index*, pag. 216 : « On l'attribue « à M. Dumartayne ou Du Martay ; d'autres, à La « Metrie, mais il est d'un grand prince très instruit. » En vérité ce n'étoit pas là le cas de faire un compliment au roi de Prusse. L'aûteur de l'*Anti-sans-souci* ou la *Folie des nouveaux philosophes*, etc., Bouillon, 1761, 2 *vol. in*-12, n'a eu ni cette foiblesse, ni cette indulgence. Il a relevé toutes les erreurs de Frédéric et de Voltaire avec autant de courage que de justesse.

Diatribe du docteur Akakia, médecin du Pape ; décret de l'Inquisition et rapport des professeurs de Rome, au sujet d'un prétendu président. *Rome (Berlin)*, 1752, *in*-8.° ; puis *Rome (Leipsick)*, 1753, *in*-8.°

Cette diatribe virulente contre Maupertuis, avoit amusé Frédéric lorsque Voltaire la lui lut manuscrite ; mais ce prince, qui estimoit avec raison Maupertuis, défendit à Voltaire de faire imprimer cette pièce satyrique. Celui-ci ne tint aucun compte de la défense du roi ; il livra l'ouvrage à la presse. Frédéric, irrité, fit saisir l'édition et la fit brûler sur la place des Gendarmes, à Berlin, par la main du bourreau, le 24 décembre 1752, à dix heures du matin ; ensuite il alla trouver Maupertuis, et lui dit : « Je vous apporte les « cendres de votre ennemi. » Voltaire étoit alors à Berlin ; mais il ne tarda pas à demander la permission d'en sortir pour aller prendre les eaux de Plombières. Il fit réimprimer sa diatribe à Leipsick, en y passant : cela révolta de nouveau Frédéric, qui fit courir après l'auteur ; il fut arrêté à Francfort, et y séjourna tristement un mois sous la garde d'un M. Freitag, homme peu accommodant de sa nature. On trouvera le récit de cette lamentable aventure, racontée au long dans l'*His-*

toire littéraire de Voltaire, par le marquis de Luchet; Cassel, 1781, 6 vol. in-8.° V. le tom. 1, pp. 245-294.

Histoire des Croisades, 1753, in-12.

Cet ouvrage a été condamné à la Cour de Rome le 11 mars 1754. Par la suite, l'auteur l'a refondu dans son *Essai sur les mœurs et l'esprit des nations*, etc.

Saül, Drame en cinq actes et en prose, trad. de l'anglais de M. Hut, 1755, in-8.° de 48 *pages*.

Cette production impie contre David et contre l'Ecriture sainte, a été proscrite en France. Elle a également été condamnée à Rome le 8 juillet 1766.

Candide ou l'Optimisme, trad. de l'allemand du docteur Ralph, 1758, in-8.°

Ce roman philosophique et licencieux a été condamné en France. La traduction italienne qui a paru sous ce titre : *Candido o l'ottimismo del signor dottor Ralph tradotto in italiano*, a été condamnée par la Chambre apostolique à Rome, le 14 mai 1762. On attribue à M. de Campigneule une seconde partie de *Candide*, 1761, in-12, de 132 pages.

Socrate, ouvrage dramatique, en trois actes et en prose, trad. de l'anglais de feu M. Thompson par feu M. Fatéma. *Amsterdam*, 1759, in-12.

La représentation de cette pièce a été défendue. On sait qui Voltaire désignoit sous les noms d'Anitus, de Mélitus, etc. Palissot dit naïvement dans sa préface sur cette pièce : « Voltaire voulut rendre les théolo-
« giens odieux et ridicules, en mettant leur fanatisme
« en action dans la *mort de Socrate*; l'allusion étoit
« évidente : aussi, la Sorbonne, quoique Voltaire se
« fut déguisé sous le nom de *Fatéma*, eût-elle en-
« core le crédit d'empêcher la représentation de la
« pièce. » La préface, signée du prétendu Fatéma, est datée de 1755.

Le Précis de l'Ecclésiaste et du Cantique des cantiques, 1759, *in*-8.°

Cette paraphrase en vers a été condamnée à être brûlée par arrêt du parlement de Paris, sur le réquisitoire de M. le procureur-général Omer Joly de Fleury, portant qu'il est évident que l'auteur n'a composé cet ouvrage que dans un esprit opposé à celui de la religion. Ces deux petits poëmes ont également été condamnés à Rome le 3 décembre 1759.

Les Lettres de Charles Gouju à ses frères, 1760.

Cette facétie contre les Jésuites et contre les Théologiens, a été condamnée à Rome le 24 mai 1762.

Dialogue entre un Caloyer et un homme de bien.

Cet ouvrage impie a été condamné à Rome, par décret du 8 juillet 1765.

La Pucelle d'Orléans, poëme héroï-comique.

C'est sous ce titre, que ce poëme licencieux et impie a été condamné par la Cour de Rome, par décret du 20 janvier 1757. La première édition, avouée par l'auteur, est de *Genève*, 1762, *in*-8.° Toutes les précédentes ont été faites sur des copies détestables, remplies de mauvais vers, de passages rebutans, et disséminées à grands frais par Voltaire lui-même, pour donner à penser que l'ouvrage n'étoit pas de lui; il l'avoit commencé dès 1730; il écrivoit, le 6 février 1735, à son ami Cideville : « . . . . . . Si je vous revoyois, j'ai
« bien de quoi vous amuser. Nous avons huit chants
« de faits de notre Pucelle; mais, Dieu merci, notre
« Pucelle est dans le goût de l'Arioste et non dans
« celui de Chapelain. » M. le garde-des-sceaux, Chauvelin, ayant entendu parler de ce poëme, qui n'étoit encore qu'ébauché, menaça Voltaire de le jeter dans un cul-de-basse-fosse, s'il le publioit. C'est ce qui fait dire à Palissot, dans une préface bien digne du poëme :
« Le seul regret que nous laisse la Pucelle, c'est que
« l'auteur qui avoit conçu ce singulier ouvrage dans la

« pleine vigueur de son génie, ait été forcé de l'aban-
« donner à plusieurs reprises, et qu'il n'ait pu mettre
« tous ses soins à le perfectionner. Personne n'ignore
« les alarmes, les emportemens, les menaces des dé-
« vots, lorsqu'ils furent à portée de connoître quel-
« ques détails de ce poëme. L'auteur en fut effrayé ;
« ses amis même trembloient qu'on ne lui en dérobât
« quelques fragmens : ce qui l'eût alors exposé aux plus
« redoutables persécutions. Il n'avoit pas encore assez
« mûri la raison publique par ses autres ouvrages, pour
« qu'il pût se flatter de faire paroître celui-ci impuné-
« ment : il crut donc devoir l'abandonner par pru-
« dence, ou, s'il se permit d'y travailler, ce fut de
« loin en loin et d'une verve refroidie par la crainte.
« Il savoit que le fanatisme qu'il avoit tant de fois dé-
« masqué, n'attendoit que cette occasion de ven-
« geance. » Tel est le langage d'un ennemi des philosophes, de ce Palissot qui les a tant bafoués sur la
scène et dans la *Dunciade!* il dit en tête de sa préface : « De tous les ouvrages de Voltaire, le plus pi-
« quant, le plus original, celui dans lequel l'auteur
« s'est montré le plus entier, c'est ce poëme inégal,
« mais charmant, qui semble réunir tous les genres,
« tous les tons, tous les styles, et qui étoit encore sans
« modèle dans notre littérature. » Le jugement qu'a
porté du poëme en question M. de Lacretelle, dans son
Histoire de France pendant le 18.ᵉ *siècle,* est différent de celui du Caméléon de Nancy, et surtout bien
plus vrai : « Quelle vaine fanfaronade de libertinage,
« dit-il, quel fougueux désir d'insulter aux mœurs, à
« la Religion, à la patrie et même à la gloire, lui
« (à Voltaire) faisoit ébaucher à Cyrey, sous les yeux
« d'une femme (la Marquise du Châtelet), ce poëme
« dont la fable, mal tissue et monstrueusement obscène,
« brille en vain de tous les éclairs de l'esprit, de tous les
« ornemens de la poésie. » Malgré cela, cet ouvrage
est, de tous ceux de Voltaire, celui qui a eu le plus
d'éditions, parce que c'est celui qui étoit le plus monté
au ton du siècle, de ce siècle si impatient de briser
toutes sortes de freins. On prétend qu'il en existoit
plus de 300,000 exemplaires avant ceux que les quatre

nouvelles éditions vont encore jeter dans le public pour son édification.

Traité de la Tolérance, 1763, *in*-8.°

Cet ouvrage a été condamné à Rome le 3 février 1766.

Dictionnaire philosophique portatif, 1764, *in*-8.° — Nouvelle édition, *Londres*, 1765, *in*-8.° — Autre édition, 1767, 2 *vol. in*-8.° — fort augmenté de morceaux pris dans différens ouvrages du même auteur, et publié sous le titre de Questions sur l'Encyclopédie. 8 *vol. in*-12 ou *in*-8.°

Cet ouvrage, dont Voltaire s'est plu à faire l'arsenal où il a déposé ses armes de toute espèce contre la religion, la morale et la société, a été proscrit chez presque tous les peuples de l'Europe, en France, en Italie, en Hollande, à Genève, etc. Un arrêt (1) du parlement de Paris, du 19 mars 1765, l'a fait brûler par la main du bourreau. Lorsque le jeune chevalier de la Barre fut condamné à Abbeville, en 1766, pour avoir insulté à la religion, brisé un Crucifix, et chanté des infamies, il déclara que les mauvais livres, et en particulier le *Dictionnaire philosophique* de Voltaire, étoient la cause de sa perte. Ce livre fut jeté, par ordre du parlement, dans le feu qui consuma le malheureux jeune homme. Le châtiment fut terrible, et nous le trouvons excessivement rigoureux; mais on assure que sans l'apparition du *Dictionnaire philosophique*, et des autres libelles de Voltaire, l'humanité des juges et la

---

(1) Cet arrêt a été rendu sur le réquisitoire de M. Joly de Fleury, dans lequel on trouve ce passage : « Quel abus plus « énorme et plus déshonorant de l'esprit et de ses talens ! « La Religion aura toujours des Celses, des Juliens, des « Socins, des Bayles, des insensés : mais malheur à ces hom- « mes qui, flattés d'ériger une école d'erreur et d'iniquité, se « chargent de l'horreur et de l'exécration des hommes sages et « vertueux de tous les siècles et de tous les pays ! »

bonté du Roi se seroient laissé toucher. On crut qu'il étoit nécessaire d'arrêter le venin d'un mal contagieux et épidémique, par un exemple effrayant. Le *Dictionnaire philosophique* a été condamné à Rome le 8 juillet 1765.

La Philosophie de l'Histoire, par feu l'abbé Bazin. *Genève*, 1765, *in-8.°*

Cet ouvrage dédié à l'Impératrice de Russie, paroît très savant à la première lecture ; mais, outre des erreurs, il renferme des propositions hardies qui l'ont fait condamner. Un décret de la cour de Rome, du 12 décembre 1768, en a interdit la lecture. M. Larcher en a relevé les erreurs dans son ouvrage intitulé : *Supplément à la philosophie de l'histoire de feu M. l'abbé Bazin, nécessaire à ceux qui veulent lire cet ouvrage avec fruit.* Amsterdam, Changuyon (Paris), 1767, *in-8.°* Ce livre rempli d'une solide érudition, et dans lequel la critique réunit toujours la justesse et l'honnêteté (1), souleva la bile de Voltaire, qui y répondit par des injures dégoûtantes, dans une diatribe intitulée : *Défense de mon oncle*, (1767), *in-8.°* de 103 pages, qui a été condamné à Rome, le 29 novembre 1771. M. Larcher a répliqué à ce pamphlet dans sa *Réponse à la Défense de mon oncle, précédé de la Relation de la mort de l'abbé Bazin, et suivi de l'Apologie de Socrate, trad. du grec de Xénophon.* Amsterdam, Changuyon (*Paris*), 1767, *in-8.°*

Instructions du Gardien des Capucins de

---

(1) Voici comment Voltaire s'en exprimoit dans une lettre écrite à M. d'Argental, le 20 juin 1767 : « Je ne sais si vous « avez entendu parler d'un livre composé par un barbare, inti- « tulé : *Supplément à la philosophie de l'histoire*. L'auteur n'est « ni poli, ni gai; il est hérissé de grec, sa science n'est pas à « l'usage du beau monde et des belles dames. Il m'appelle « Canapée, quoique je n'aie jamais été au siége de Thèbes. Il « voudroit me faire passer pour un impie ; voyez sa malice ! « On donne des priviléges à ces livres-là, et les réponses ne « sont pas permises. » Quelle injustice, quelle tyrannie ! avoir refusé un privilège pour imprimer la *défense de mon oncle*, où tout est si décent, si honnête, si délicat !

Raguse, à frère Pediculoso partant pour la Terre Sainte.

C'est une continuation ou plutôt une répétition des perpétuels sarcasmes de Voltaire contre la Bible : cette brochure impie a été condamnée à Rome, le 3 décembre 1770. On en a fait une réfutation assez plaisante dans une brochure intitulée : *Instructions du Père Gardien des Capucins de G...* (Gex), *à un frère quêteur, partant pour le château de F.....* (Ferney), *ouvrage trad. de l'italien, par le R. P. Adam.* Amsterd. (Avignon), 1772, in-12. Cette brochure est anonyme.

Commentaire sur le livre des délits et des peines (de Beccaria), par un Avocat de province. 1766, *in*-8.°

Ce livre a été condamné à Rome, le 19 juillet 1768.

Les Questions de Zapata, trad. par le sieur Tamponet, docteur de Sorbonne. *Leipsick*, 1766, *in*-8.°

Encore des sarcasmes contre la Bible ; cet ouvrage a été condamné à Rome, le 29 novembre 1771.

L'A, B, C, ou Dialogue entre A, B, C, trad. de l'anglais de M. Huet. *Londres*, 1766, *in*-8.°

Ce livre composé de dix-sept entretiens, sur différens sujets, a été condamné à Rome par décret de la Chambre apostolique, le 11 juillet 1776.

L'Examen important de Milord Bolingbroke, écrit sur la fin de 1736. (*Genève*), 1767, *in*-8.°

Cet écrit très violent contre le christianisme, et dont jamais Bolingbrocke n'a eu l'idée, car il est entièrement de Voltaire, a été condamné à Rome le 29 novembre 1771.

Le Dîner du comte de Boulainvilliers, par Saint-Hyacinthe ; 1767, *in*-8.°

Toujours des diatribes virulentes contre la religion, celle-ci est une des plus fortes ; elle a été condamnée au feu. Le P. Louis Viret l'a réfutée dans une brochure intitulée ; *Le Mauvais Dîner, ou Lettres sur le Dîner du comte de Boulainvilliers.* Paris, Bailly, 1770, *in*-8.°

Essai historique et critique sur les dissentions des Eglises de Pologne, par Joseph Bourdillon, professeur de droit public. *Bâle*, 1767, *in*-8.°

Condamné à Rome, le 12 décembre 1768.

Collection des Lettres sur les Miracles, écrites à Genève et à Neufchâtel par le Proposant Thero, M. Covelle, M. Needham, M. Baudinet et M. Montmolin. *Neufchâtel*, 1767, *in*-12.

Condamné à Rome, le 29 novembre 1771.

L'Homme aux quarante écus, 1768, *in*-8.°

Cet ouvrage a été condamné par la Cour de Rome comme le précédent, et par le même décret du 29 novembre 1771. Il a été également proscrit et brûlé par arrêt du parlement de Paris, en 1768. Voltaire, qui vouloit être universel, avoit un peu la manie économique, qui étoit alors fort à la mode. Il y a certainement dans son ouvrage plus de connoissances dans cette partie que l'on n'en trouveroit dans beaucoup d'autres du siècle précédent ; mais malgré cela c'est un livre frivole et superficiel, à une époque où l'on avoit approfondi cette science. L'auteur a voulu attaquer dans cette brochure un projet intitulé : *La Richesse de l'État* (par M. Roussel de la Tour), 1763, *in*-4.° et *in*-8.°, ainsi que *l'Ordre naturel et essentiel des Sociétés politiques* (par M. Mercier de la Rivière). *Paris*, 1767, *in*-4.° ou 2 vol. *in*-12.

Le siècle de Louis XV, 1768, *in*-8.°

Cet ouvrage a été défendu dans le temps, parce que l'auteur jetoit quelques doutes sur les faits attribués à M. de Lally, et qui l'ont fait condamner. Quinze ans plus tard, cette défense n'eût pas eu lieu.

Homélie du Pasteur Bourn, prêchée à Londres le jour de la Pentecôte, 1768, *in*-8.°

Nouvelle diatribe anti-religieuse, condamnée à Rome le 1.er mars 1770.

Les Singularités de la Nature, *Bâle*, 1768, *in*-8.°

Ouvrage condamné à Rome, le 16 janvier 1770.

Nota. Il y a eu une méprise dans l'édition de Kehl pour l'impression de cet ouvrage. Des chapitres ont été tellement transposés, qu'au lieu d'être placés à leur rang dans le 39.e volume, ils se trouvent portés au 50.e, c'est-à-dire, à 11 volumes de distance de l'ouvrage dont ils font partie. Ce n'est pas la seule négligence de ce genre qu'on pourroit reprocher à cette édition, qui a été annoncée avec tant de faste. Nous en avons cité d'autres, p. 34.

La Raison par alphabet, 6.e édition, 1769, 2 *vol. in*-8.°

Condamnée à Rome, le 11 juillet 1776.

Les Colimaçons du rév. père l'Escarbotier, nouvelle édition, 1769, *in*-8.°

Condamné à Rome par le Pape Clément XIV, le 1.er mars 1770.

Histoire du Parlement de Paris, par l'abbé Big..... *Amsterdam*, 1769, 1 *vol. in*-8.°

Cet ouvrage fit beaucoup de bruit à l'instant qu'il parut : on le proscrivit, et les exemplaires s'en vendoient sous le manteau jusqu'à six louis. Voltaire qui savoit ce qu'il pourroit gagner à irriter les membres du parlement, fut tellement effrayé de cette proscription, qu'il s'empressa d'écrire de tous côtés qu'il n'étoit point l'auteur de cet ouvrage ; il n'osa pas en faire la confidence même à ses plus intimes amis d'Argental et

d'Alembert. Il écrivit au premier le 7 juillet 1769 :
« Quant à l'histoire (du parlement) dont vous me par-
« lez, mon cher ange, il est impossible que j'en sois l'au-
« teur ; elle ne peut être que d'un homme qui a fouillé
« deux ans de suite dans des archives poudreuses. J'ai
« écrit sur cette petite calomnie qui est environ la trois-
« centième, une lettre à M. Marin, pour être mise
« dans le mercure. Je sais, à n'en pouvoir douter,
« que cet ouvrage n'a pas été imprimé à Genève,
« mais à Amsterdam, et qu'il a été envoyé de Paris :
« je sais encore qu'on en fait deux éditions nouvelles,
« avec additions et corrections ; car je suis fort au
« fait de la librairie étrangère............ » Quelle
sincérité dans cette lettre ! La peur talonnoit tellement
notre auteur, que deux jours après, le 9 juillet, il
écrivit à son cher d'Alembert sur le même sujet : « Il
« me paroît absurde de m'attribuer un ouvrage dans
« lequel il y a deux ou trois morceaux qui ne peu-
« vent être tirés que d'un greffe poudreux, où je n'ai
« assurément pas mis le pied ; mais la calomnie n'y
« regarde pas de si près. Je vous demande en grace
« d'employer toute votre éloquence et tous vos amis
« pour détruire un bruit encore plus dangereux que
« ridicule. Ma pauvre santé n'avoit pas besoin de cette
« secousse. Je me recommande à votre amitié. » Voltaire a constamment nié qu'il fût l'auteur de cette
histoire ; et cependant elle est très certainement de lui,
ainsi que tous les pamphlets qu'il n'a cessé de lancer
sous des noms supposés contre tout ce qu'il y a de
plus respectable et de plus sacré dans la société. Sem-
blable aux empoisonneurs et aux incendiaires, il a
toujours travaillé dans l'ombre, quand son ame étoit tour-
mentée du besoin de faire le mal, de nuire et de mettre le trouble par-tout ; chez lui, ce besoin étoit ha-
bituel ; mais il a toujours eu soin de cacher la main
qui lançoit les brûlots, et même au besoin il faisoit
des déclarations authentiques, se confessoit et com-
munioit pour mieux détourner les soupçons.

Dieu et les hommes, œuvre théologique,
mais raisonnable, par le docteur Obern, trad.

par Jacques Aimon. *Berlin, Christian de Vos.* 1769, *in*-8.°

On a attribué cet ouvrage à Voltaire, et même on l'a mis dans la collection de ses œuvres ; cependant il n'est point de lui, mais d'un nommé Sissous, qui depuis a pris le nom de Valmore : malgré cela, je crois en devoir parler, parce que Voltaire, que l'on en croyoit l'auteur, est mentionné dans le réquisitoire de l'avocat-général, M. Seguier, en vertu duquel l'ouvrage a été condamné au feu par arrêt du parlement de Paris, du 18 août 1770. « Ce n'est, disent les motifs de l'arrêt, « qu'un tissu de sarcasmes contre la loi de Moyse et « la religion chrétienne que l'auteur veut faire pas- « ser pour les productions les plus misérables de la « folie humaine, tandis qu'il parle avec respect ou « indulgence des autres religions et des superstitions « sans nombre dont elles sont infectées. » M. Seguier, parlant du christianisme dans son réquisitoire (1) dit : « Quelle autre religion a l'avantage d'avoir fait dis- « paroître toute la férocité des anciens peuples ? Que « les philosophes apprennent donc qu'ils vivent dans « une société dont les fondemens vont crouler avec « ceux de la religion, ensorte que s'ils parviennent à « saper ces derniers, ils vont par cela même saper « les autres : (n'est-ce pas ce qui est arrivé ?) Tous « les membres sont intéressés au maintien de cet édi- « fice qu'ils veulent détruire..... L'univers entier les « conjure de ne point établir des systêmes dont la con- « noissance lui est funeste : malgré tant de voix, mal- « gré tant de prières, malgré tant d'instances, Voltaire « et ses partisans s'acharnent à combattre une religion « qui, selon l'expression de Montesquieu, est *le plus* « *beau présent que Dieu ait pu faire aux hommes* : « n'est-ce pas le comble de la brutalité et de la fu-

---

(1) On sait que l'éloquence de M. l'avocat-général rappela les beaux jours du barreau. Ses réquisitoires pour la plupart sont des chefs-d'œuvre, et on doit regretter de n'en avoir pas la collection ; ils se distinguent par un style nerveux et par une forte dialectique. Celui du 18 août 1770, dont nous rapportons ici un fragment, est sur-tout remarquable, en ce qu'il annonça, dix-neuf ans d'avance, les causes d'une prochaine révolution.

« reur ? » Non-seulement le livre intitulé *Dieu et les hommes*, a été flétri par le parlement de Paris, mais un décret de la Cour de Rome, du 3 décembre 1770, l'a condamné également.

Lettres d'Amabed, trad. par l'abbé Tamponnet, *Genève*, 1769, *in*-8.°

Ce roman philosophique et licencieux a été condamné à Rome le 14 novembre 1779.

Les Pensées de Pascal, avec les notes de Voltaire, *Londres*, 1776, *in*-8.°

Les notes ajoutées à cet ouvrage l'ont fait condamner à Rome le 18 septembre 1789.

Voilà les ouvrages de Voltaire sur la condamnation desquels nous avons trouvé quelques renseignemens ; il en est encore plusieurs autres qui ont mérité et sans doute eu le même sort, mais nous n'avons aucun détail sur leur proscription.

IV.

NOTICE

Des principaux ouvrages qui ont été publiés contre Voltaire.

La Religion et la justice, poursuivant juridiquement les ouvrages dangereux de Voltaire, ne sont pas les seules qui ont cherché à opposer une digue à ses principes dévastateurs ; des hommes recommandables par leur piété et leur instruction, des littérateurs distingués, des savans du premier ordre, ont aussi combattu le génie du mal, l'apôtre du mensonge, l'ennemi du ciel et de la terre, et ont tâché d'arrêter, autant qu'il étoit en eux, les progrès de la contagion partout où il a versé le poison de sa doctrine infernale. Les uns ont vengé la Religion de ses attaques perpétuelles ; les autres ont relevé les erreurs sans nombre, que l'ignorance ou la mauvaise foi lui ont fait commettre, et tous l'ont signalé comme n'ayant d'autre but que celui de détruire les institutions sociales les plus anciennes, les plus respectables, et de leur substituer une indépendance qui affranchisse l'homme (depuis l'enfant jusqu'au vieillard) de toute espèce de subordination. Hélas ! nous avons joui de cet état de pleine liberté pendant quatre à cinq ans (de 1791 à 1796), qu'il nous en souvienne une bonne fois ; et si nous ne voulons pas y revenir, renonçons aux principes exagérés qui nous y ont conduits si directement et si rapidement.

Quoique les ouvrages qui ont été dirigés contre Voltaire, n'aient pas produit tout l'effet qu'on auroit désiré, ils n'en renferment pas moins des choses excellentes, et l'on ne peut trop les faire connoître, surtout dans un moment où l'on répand de nouveau avec une espèce d'acharnement la collection complète des affreuses maximes qu'ils ont combattues avec autant de courage que de solidité. Puisqu'on remet le poison dans la circulation avec des appâts de toute espèce, il est bien juste d'indiquer le contrepoison. C'est ce qui nous a engagé à faire quelques recherches sur tout ce qui a été publié contre Voltaire. Nous avons découvert plus de trois cents ouvrages de ce genre ; mais il s'en faut beaucoup que tous aient le même mérite ; les uns ne sont que de simples badinages littéraires avec lesquels on piquoit l'amour-propre si irritable du poëte, et dans d'autres, le talent n'a pas toujours répondu à l'intention. Nous avons donc fait parmi ces écrits un choix de ce qui nous a paru le meilleur et le plus propre à rendre palpables les erreurs et les sophismes de Voltaire (soit historien, soit philosophe), et à en faire sentir l'absurdité et le danger.

Voici la Notice des ouvrages dont nous croyons pouvoir recommander la lecture à ceux qui, ne partageant point les opinions de Voltaire, désirent cependant connoître sa personne, son caractère, la tournure de son esprit, et surtout se pénétrer de la réfutation aussi solide que profonde de ses écrits pernicieux.

La Voltairomanie ou Lettre d'un jeune avocat, en forme de Mémoire, en réponse au libelle du sieur de Voltaire, intitulé : Le *Préservatif*, (par l'abbé Desfontaines). *Paris,* 1738, *in*-12.

Voltaire avoit attaqué très indécemment, dans son *Préservatif*, Desfontaines et son journal intitulé : *Observations sur les écrits modernes*. Desfontaines lui répond d'une manière violente dans cette brochure. Il y dit, dans le préambule : « Il n'a ménagé personne, et comme
« un chien enragé, il s'est jeté sur tous les au-
« teurs les plus distingués. Théologiens, philoso-
« phes, poëtes, tous les savans, ont été les objets
« de ses mépris, de ses railleries, de son badinage. Il
« a tourné en ridicule les religions, les nations et les
« gouvernemens. Personne ne l'ignore; et pourquoi
« ne pourroit-on pas démasquer le persécuteur du
« genre humain, cet ennemi des vivans et des morts,
« et lui arracher cette infaillibilité dans les belles-let-
« tres, dont il se pare arrogamment ? Autant de coups
« de plume qu'il a donnés, sont autant de brocards
« ou des calomnies atroces qui ne devoient pas rester
« impunies, etc. »

Voltariana, ou Éloges amphigouriques de Voltaire. (Recueil publié par Saint Hyacinthe). *Paris,* 1748, 2 *parties in*-8.°

Ce recueil fait connoître le personnel de Voltaire, sa conduite, etc. par des pièces authentiques, telles que le mémoire pour le libraire Jore, dans son procès avec Voltaire, en 1736; une lettre de J.-B. Rousseau; une lettre de Voltaire au P. Latour, jésuite, du 7 février 1746; une lettre de saint Hyacinte à Voltaire; les pièces du procès de Voltaire avec Travenot fils et Travenot père, en 1746; une critique de la Henriade, etc.

Les Mensonges imprimés par Arouet de Voltaire. *Hollande*, 1750, *in*-8.°

Le Siècle de Louis XIV, par M. de Voltaire, augmenté d'un très grand nombre de remarques par de la B...... (La Beaumelle). *Francfort*, 1753, 3 *vol. in*-12.

Dans ce livre, La Beaumelle a relevé beaucoup d'erreurs de détail et de fausses dates, dans le *Siècle de Louis XIV*. Voltaire lui répondit par des injures et des personnalités. La Beaumelle répliqua avec un ton de force, de supériorité et de raison, qui ne laissa pas les rieurs du côté de Voltaire ; celui-ci tout irrité qu'il étoit, n'a pas moins profité des remarques de La Beaumelle dans les éditions subséquentes du *Siècle de Louis XIV*.

L'Oracle des nouveaux philosophes (par l'abbé Guyon). *Berne*, 1759; et la suite, 1760, 2 *vol. in*-8.°

On a blâmé la fiction qui sert de cadre à ce livre écrit d'un style un peu lourd, mais il y a beaucoup de force dans les réfutations ; en rassemblant les principes épars de Voltaire, l'auteur le met souvent en contradiction avec lui-même. Il est inutile de dire que Voltaire a répondu par des injures grossières à l'abbé Guyon.

Lettre du Rabin Aaron Mathathaï, à Guillaume Vadé. *Amsterdam*, 1765, *in*-8.°

Cette brochure est une critique d'une note de Voltaire sur le Veau d'Or.

Les Quakers à leur frère V..... Voltaire, sur la Religion et ses livres (par l'abbé Guenée). *Paris*, 1768, *in*-8.°

Fort bonne critique.

Supplément à la philosophie de l'Histoire (par M. Larcher). *Amsterd.* (*Paris*), 1767, *in*-8.° ; 2.ᵉ édition, 1769, *in*-8.° — Réponse à la défense de mon oncle, précédée de la relation de la mort de l'abbé Bazin, etc. (par le même). *Amsterd.* (*Paris*), 1767, *in*-8.°

On connoît le mérite de ces deux savans ouvrages. Nous en avons parlé plus haut, pag. 50.

Observations sur la philosophie de l'Histoire et le Dictionnaire philosophique, avec des réponses à plusieurs difficultés, par l'abbé François, *Paris, Pillot,* 1770, 2 *vol. in*-8.°

Quoique les philosophes aient traité, sans façon, l'abbé François d'imbécille, et que ses ouvrages ne soient pas écrits avec élégance, il n'avoit pas moins des connoissances très variées, et ses réfutations des mauvais livres ont été fort utiles. On lui doit encore l'examen du *Catéchisme de l'honnête homme, in*-12, et beaucoup d'autres écrits en faveur de la Religion.

Anti-Dictionnaire philosophique, pour servir de commentaire et de correctif au Dictionnaire philosophique (de Voltaire) et autres livres qui ont paru de nos jours contre le christianisme (par Dom Chaudon). *Avignon,* 1767, *in*-8.°; puis *Paris,* 1775, 2 *vol. in*-8.°

Cet ouvrage est utile. L'auteur vient de mourir âgé de 80 ans.

Les Erreurs de Voltaire, par l'abbé Nonnotte, 4.ᵉ édition. *Lyon,* 1770, 2 *vol. in*-12.

On n'a pas assez rendu justice à cet auteur; son ouvrage, quoique écrit d'un style qui n'approche pas de celui de Voltaire, est un des meilleurs que l'on ait faits contre cet auteur célèbre. « C'est peut-être, dit
« avec vérité un écrivain moderne, le plus sûr préser-
« vatif que l'on puisse opposer à la séduction, et le
« meilleur guide que l'on doive choisir, pour ne pas
« s'égarer à la suite de Voltaire, dans le dédale de ses
« erreurs historiques et dogmatiques. » J'en avois porté le même jugement, il y a quarante ans. C'est contre

les erreurs dont fourmille l'*Essai sur l'Histoire générale*, que le zèle de l'abbé Nonnotte s'est principalement dirigé. « Indulgent pour les erreurs qu'il a dé-
« montrées, mais implacable pour la mauvaise foi qu'il
« met en évidence, l'inflexible censeur redresse tout
« ce qu'il trouve de faux, et réfute tout ce qui lui
« semble témérairement hazardé. Voltaire lui répondit
« en sa manière, en le traitant d'ignorant, de témé-
« raire, de libelliste, de fripon, de monstre, de plus
« vil des hommes, etc. » (Voyez les *Honnêtetés littéraires*.) « Son grand argument pour prouver que lui
« Voltaire a raison, c'est de dire et de répéter à satiété
« que Nonnotte est le fils d'un crocheteur, » ce qui
étoit très faux. Il faut remarquer que l'abbé Nonnotte
a relevé les erreurs de l'irascible historien avec autant
de force et de raison que de politesse et de ménagement. Il a répondu très modérément aux injures de
Voltaire par une *Lettre d'un ami à un ami sur les
honnêtetés littéraires*, 1767, in-8.º

Lettres de quelques Juifs portugais, allemands et polonois, à M. de Voltaire (par l'abbé Guenée); septième édition, augmentée des Mémoires sur la fertilité de l'Egypte. *Paris, Méquignon*, 1815, *4 vol. in*-12; et 8.ᵉ édition (dite compacte), *Paris, Lebel*, 1817, 1 *vol. in*-8.º

Cet excellent ouvrage a joui de la plus grande réputation depuis 1769, date de sa première édition, jusqu'à ce moment. L'auteur y a relevé avec autant d'art, de finesse et d'élégance que de force, les bévues, les sarcasmes indécens et les plaisanteries grossières de Voltaire contre les juifs et les livres saints. Comme l'abbé Guenée a eu soin de flatter l'orgueil et l'amour propre de l'auteur tout en lui faisant sentir ses torts, celui-ci ne savoit trop comment traiter son adversaire. Aussi a-t-il plus ménagé les injures à son égard qu'à l'égard des autres. Il écrivoit à d'Alembert en 1776.
« Le secrétaire juif n'est pas sans esprit et sans connoissances, mais il est malin comme un singe ; il mord
« jusqu'au sang, en faisant semblant de baiser la main. »

Lettre à M. de V. (Voltaire) par un de ses amis, sur l'ouvrage intitulé : L'Evangile du jour. *Paris, Gueffier, 1772, in-8.°*

Les Grands-Hommes vengés, ou Examen des jugemens portés par Voltaire et autres philosophes, avec des remarques critiques, par M. Des Sablons (Dom Chaudon). *Lyon, 1769, 2 vol. in-8.°*

Cet ouvrage est bon, mais il pourroit encore être meilleur.

Tableau philosophique de l'esprit de Voltaire, pour servir de suite à ses ouvrages (par M. l'abbé Sabatier de Castres). *Genève, Crammer, Paris, 1771, in-8.°*

Cet ouvrage est fort bon ; mais il est bien moins piquant qu'une autre production du même auteur, qu'on mettra toujours (malgré les diatribes de Voltaire et consors), au rang des meilleurs livres de la littérature française en matière de goût et de saine critique. Je veux parler des *Trois Siècles littéraires*, dont la meilleure édition est celle de *La Haye (Paris), 1781, 4 vol. in-12.*

Commentaire sur la Henriade, par de La Beaumelle, revu et corrigé par Fréron. *Berlin et Paris, Le Jai, 1775, in-4.°*, ou *2 vol. in-8.°*

Cet ouvrage est beaucoup trop long ; La Beaumelle n'étoit pas poëte, et il a eu tort de vouloir refaire la *Henriade* à sa manière. Malgré cela, son travail offre une foule de remarques précieuses sur le plan, la conduite et la marche du poëme.

Je préfère le *parallèle de la Henriade et du Lutrin* (par Batteux), *Paris, 1746, in-12* ; morceau qui me paroît rempli de goût, quoi qu'en dise La Harpe, qui prétend « que cette critique est aussi mal pensée « que mal écrite, et que l'oubli en a eu bientôt fait « justice. » L'attachement de La Harpe pour Voltaire l'a rendu partial et injuste dans cette occasion, car on relit tous les jours ce *Parallèle* avec un nouveau plaisir. Il est consigné dans les Opuscules de M. F..... (Fréron), *Amsterdam*, 1753, 3 *vol. in*-12. Voyez le *tom.* 2. pp. 242 — 327. Il y a dans le même ouvrage plusieurs autres morceaux sur différens écrits de Voltaire. Mais c'est sur-tout dans l'*Année littéraire* de Fréron, depuis 1754 — 1776, que l'on trouve tous les articles très bien faits qui ont si souvent échauffé la bile du vieillard de Ferney. Aussi Fréron a-t-il été pendant vingt-cinq ans le plastron de prédilection de ses injures les plus grossières. La collection complète de l'*Année littéraire*, commencée par Fréron, en 1754, et continuée par son fils, Royou, Geoffroy, Brotier, etc., jusqu'en 1790, se compose de 292 *vol. in*-12.; c'est un recueil bien précieux pour le goût, la saine critique et les bonnes doctrines.

Neuf Lettres à Voltaire, où l'on examine sa politique littéraire, par Clément, de Dijon. *Paris, Moutard*, 1773—1776, *6 parties in*-8.º = De la Tragédie, pour servir de suite aux lettres à Voltaire, par le même. *Amsterd.* (*Paris*), 1784, *in*-8.º

Ces deux ouvrages sont d'un critique éclairé et pénétré des bons principes; mais le style est prolixe, pesant, diffus.; on pourroit réduire chacune de ces lettres à moitié, et s'en tenir aux bonnes observations qui en font la base. Ce n'est pas le tout d'avoir raison, il ne faut pas l'avoir trop long-temps; cela finit par fatiguer le lecteur. On reproche aussi à Clément de trop appuyer sur des fautes légères.

Voltaire, recueil des particularités curieuses de sa vie et de sa mort (par M. Harel). *A Porentruy*, 1782, *in*-12.

Ce petit volume est d'un homme de bien, vivement indigné des progrès qu'ont faits l'irréligion et l'immoralité par la propagation des mauvais écrits de Voltaire. On y trouve des détails assez étendus sur tous les actes de religion que le Patriarche de Ferney a faits

OUVRAGES DE VOLTAIRE. 65

pendant sa vie, ainsi que la relation de l'abbé Gauthier, concernant tout ce qui s'est passé à la mort de ce célèbre philosophe. Tout cela est intéressant, mais ce qu'il y a de plus frappant et de plus fondé en raison, c'est le jugement que M. Harel, au commencement de son livre, porte sur Voltaire et sur ses ouvrages. Ce morceau s'allie tellement avec ce qui a été dit précédemment sur le même sujet, que le lecteur impartial nous saura gré de le rapporter ici.

« De tous les auteurs que l'irréligion a produits dans
« le monde, aucun ne peut se vanter d'avoir poussé
« l'impiété à un plus haut degré que *Voltaire*. Presque
« tous ses ouvrages sont autant d'autels élevés au liber-
« tinage, à l'indépendance et au matérialisme. Mais,
« ce qu'il y a de bien triste et ce qui annonce une
« grande dépravation, c'est que tout le monde les lit,
« tout le monde les cite, femmes, enfans, domes-
« tiques......; tous se font un honneur de savoir ré-
« péter ses railleries. Il n'y a esprit si mince, qui ne
« veuille briller du faux éclat qu'il emprunte de ses
« livres pernicieux. On parle son langage aux tables,
« dans les assemblées ; en un mot, les maximes de
« Voltaire ont infecté la masse générale. La guerre,
« la peste et la famine n'ont jamais causé tant de mal
« à la société, que la plume de cet agréable prosateur
« en a fait et en fait tous les jours.

« Par quel prestige un homme si dangereux a-t-il
« porté ses conquêtes si loin et si rapidement ? Ses af-
« freux systèmes brisent tous les liens qui attachent
« l'homme à la vertu, flattent les cœurs gâtés, favo-
« risent l'impiété, et satisfont toutes les passions, ces
« ennemis redoutables de la raison et de la Religion.
« Possédant un style agréable, avec le funeste talent
« de donner un tour ridicule aux choses les plus sé-
« rieuses et les plus sacrées, Voltaire est entré en lice :
« saillies ingénieuses, plaisanteries légères, bons mots,
« contrastes frappans, peintures riantes, réflexions
« hardies, écrits licencieux, dans lesquels rien n'est
« respecté, dans lesquels on n'épargne ni puissance,
« ni rang, ni dignité...... Détruire tout ce qui
« est capable d'arrêter et de contenir, pour séduire et

« empoisonner ; admettre à peine l'existence d'un Être
« suprême; saper les fondemens de tout culte; tracer une
« législation de licence pour cette vie, d'impunité dans
« l'avenir ; anéantir, avec les lois divines, l'autorité
« des lois naturelles ; ôter à la vertu ses espérances,
« au vice ses craintes et ses remords ; réduire enfin
« l'homme au rang des brutes : c'est avec ces décou-
« vertes que l'oracle de nos soi-disant philosophes s'est
« fait tout à tous, à tous les caractères, à tous les pen-
« chans, à tous les foibles, pour attirer, pour entraî-
« ner tout. Il a réussi ; les torrens de l'incrédulité et
« de la corruption n'ont point coulé vainement sous sa
« plume : ils inondent la terre : la Religion ébranlée,
« et comme déracinée par la violence de la tempête,
« regrette son premier âge et le glaive de ses tyrans.

« O France ! contrée autrefois si chrétienne, est-il
« possible qu'il se soit élevé au milieu de toi le cri sé-
« ditieux de l'erreur triomphante ! Etoit-il donc ré-
« servé à nos jours de produire ces hommes forcenés,
« dont les écrits sont presque autant d'attentats faits à
« la Religion, à la vertu et au vrai bonheur.

« Pères et mères, fermez vos portes à ces fléaux de
« la société. Malheur à vos maisons et à vos familles,
« si vous donnez accès à ces prétendus esprits-forts !
« Bientôt vous y verrez régner les troubles et les cala-
« mités ; bientôt elles deviendront des écoles de licence et
« de libertinage ; bientôt vous y verrez éclore plus de
« crimes qu'on n'en vit jamais parmi ces peuples dont
« nous détestons la barbarie. L'adultère ne sera plus
« qu'un jeu; la séduction de l'innocence, un sujet de
« triomphe; la licence qui règne dans les écrits de quel-
« ques-uns, passera dans les écrits de tous. Alors, quel
« chaos ! quel théâtre d'horreurs deviendroit la société
« des hommes, si les maximes de Voltaire et de ses adhé-
« rens prévaloient parmi eux, et étoient érigées en
« lois publiques ! Quelle monstrueuse république, s'il
« étoit possible d'en former une dans l'univers, com-
« posée de *Voltairiens*, et où les hommes ne puissent
« mériter le titre de citoyen que par leur impiété ! »

Quelles réflexions profondes doit produire ce morceau, chez celui qui, n'étant dominé par aucune autre

passion que celle du bien public, porte ses regards sur le passé, voit le présent et ose plonger dans l'avenir.

Nous terminons ici la tâche que nous nous sommes imposée, et nous répéterons ce que nous avons déjà dit, qu'une édition des œuvres de Voltaire, exclusivement composée de ce qu'il a de beau et de bon, eût été une chose utile pour la propre gloire de l'auteur, pour l'intérêt des lettres et pour la satisfaction des gens de goût; que la réimpression de ses œuvres complètes est une entreprise inutile, nuisible à sa gloire et excessivement dangereuse pour le public : inutile, en ce qu'il y en a déjà tant d'éditions, que l'Europe en est encombrée, et même qu'en France il en reste encore nombre d'exemplaires en magasin; nuisible à la gloire de l'auteur (1), en ce qu'il n'est pas possible de faire plus de tort à quelqu'un, que de publier des choses honteuses auxquelles il n'a jamais osé mettre son nom, et même qu'il a hautement désavouées; dangereuse, en ce que les trois quarts de ses écrits étant irréligieux, immoraux, et renfermant des principes destructifs de toute société, les publier de nouveau,

---

(1) « La plus grande injure que l'on puisse faire aux mânes « de Voltaire, dit un auteur judicieux, est d'avoir recueilli, « contre son gré et contre les intérêts de sa gloire, cette foule « d'opuscules, échappés à la mobilité de la passion, dictés par « l'humeur, ou par le caprice, et pour céder le plus souvent « à des impulsions étrangères, ou servir des intérêts qui « n'étoient pas les siens; c'est un tort réel aux yeux d'une na- « tion si fière avec raison de la gloire de ses grands hommes, « et qui doit se montrer jalouse de la faire passer intacte aux « siècles futurs. » Voy. la *Quinzaine littéraire*, 15 avril 1817, pag. 139.

c'est vouloir entretenir dans les esprits un ferment de licence en tous genres, et par conséquent reculer le moment où nous devons jouir de cette tranquillité et de cette stabilité qui ne peuvent reposer que sur la morale, et dont nous avons tant besoin, après les orages que les principes de Voltaire ont attirés sur notre malheureuse patrie. Entre dix mille passages qui prouvent la perversité de ces principes, nous en avons cité, avec toute la répugnance possible, cinq à six, pris au hazard; nous les livrons à MM. les nouveaux éditeurs de Voltaire, en les priant d'être bien convaincus que nous en sommes venus à cette extrémité, non par aucune espèce d'animosité contre eux, mais dans le seul intérêt de la morale publique et pour démontrer de la manière la plus évidente, que réimprimer une volumineuse collection, remplie de pareilles turpitudes, c'est se déshonorer, c'est déshonorer l'auteur lui-même et la littérature dont il eût dû faire la gloire, et enfin c'est donner une idée peu avantageuse, et bien affligeante pour l'avenir, d'une nation qui tolère que l'on répande de nouveau dans son sein un poison dont elle n'a que trop ressenti, et dont chaque jour elle ne ressent que trop les funestes effets.

FIN.

A DIJON, CHEZ FRANTIN, IMPRIMEUR DU ROI.

TABLE.

I. *Réflexions générales sur les écrits de Voltaire* . . . . pag. 1

II. *Notice bibliographique des différentes éditions de Voltaire, publiées sous le titre d'œuvres choisies ou d'œuvres complètes* 22

III. *Notice des condamnations qu'ont encourues la plupart des écrits de Voltaire.* 39

IV. *Notice des principaux ouvrages qui ont été publiés contre Voltaire* 57

www.ingramcontent.com/pod-product-compliance
Lightning Source LLC
LaVergne TN
LVHW020953090426
835512LV00009B/1867